# TOGOT

EDITORA GROUND
*livros para uma nova consciência*

*Giliane Ingratta*

# TOGOT

## Um Oráculo de Autoconhecimento

EDITORA GROUND

© Giliane Maria Josephine Ingratta

*Assistência editorial e revisão:* Fernanda Rizzo Sanchez
*Editoração eletrônica:* Maria Antonieta Santos
*Capa:* Niky Venâncio
*Cartas: Ilustração:* Rubens Matuck
*Arte-final:* Niky Venâncio

CATALOGAÇÃO NA FONTE
DO
DEPARTAMENTO NACIONAL DO LIVRO

---

154t

Ingratta, Giliane
TOGOT – Um oráculo de autoconhecimento / Giliane Ingratta.
- São Paulo: Ground, 2001.

ISBN 85-7187-159-0

1. Astrologia. 2. Oráculos. I. Título.

CDD-133.5

---

Direitos reservados:
**Editora Ground Ltda.**
Rua Lacedemônia, 68
04634-020 São Paulo - SP
Tel.: (0xx11) 5031.1500
Fax: (0xx11) 5031.3462
E-mail: editora@ground.com.br
Site: www.ground.com.br

Às tecelãs e aos tecelões do Aka.

## Agradecimentos

Em primeiro lugar, agradeço a meus pais por terem me recebido nesta encarnação e me apoiado nos momentos de grandes decisões,

a José Antônio por ter propiciado o impulso necessário a minha vinda para o Brasil, que é o lugar onde devo estar,

a Ivana que, servindo de canal para uma mensagem psicografada, me permitiu iniciar esse caminho que não tem fim,

a Sonia sem a qual eu poderia nunca ter encontrado Ivana,

a Valéria por compartilhar comigo o estudo do *Tzolkin*,

a todas as pessoas que contribuíram, direta e indiretamente, para que o processo de elaboração do TOGOT seguisse no tempo certo, entre elas: Zezé, Regina, Leila, Vera, Iole, Ivana, Marcos, Isabel, Renata, Ruth e Takako,

e aos amigos invisíveis que me proporcionaram tantas inspirações.

Um agradecimento especial àqueles que tornaram possível sua publicação: Rosa, Bia, Jacy, Miriam e meus editores.

Um agradecimento particular para a Lessie, Cão Branco como eu[1], que me levou por vários anos a passeios noturnos, momentos de muitos "insights"; também à Pretinha que veio tardiamente me lembrar as qualidades da maestria sobre a sombra.

Agradeço, enfim, a meus filhos, Joana e Alexandre, e ao Kenji, companheiro de muitas vidas, pela compreensão e paciência.

---

[1] Meu signo de nascimento, conforme uma das interpretações do Calendário Sagrado Maia, o *Tzolkin*.

## O Caminho da Integração

Para viver na Terra
o ser humano separou-se da harmonia primordial,
da divindade universal.

Para ter acesso a esse mundo de experiência,
aprender a lidar com as polaridades,
sensações, emoções, idéias e sentimentos,
para aprimorar sua capacidade de escolha
e atingir a maestria sobre seu poder de criação,
sua parte feminina separou-se de sua parte masculina,
sua alma de seu espírito,
sua sabedoria intuitiva de sua inteligência racional.

Milênios se passaram na luta por uma vã supremacia,
pois o poder de cada elemento em separado é pouco:
o poder verdadeiro está em sua integração.

Agora, e com certa urgência,
o ser humano precisa curar-se
- e com ele o planeta -
das muitas feridas que resultam da árdua caminhada
em busca do conhecimento e da sabedoria.

Essa cura depende do fim da competição entre as polaridades;
da reconciliação entre o feminino e o masculino,
entre a alma e o espírito;
da integração capaz de dissolver o ego
e liberar o poder curador e criador do Amor.

# Sumário

Agradecimentos .................................................................. 7
O Caminho da Integração .................................................. 9
Introdução ........................................................................ 15

PRIMEIRA PARTE
# Apresentação do TOGOT

1 - Um novo recurso de conhecimento e aprimoramento de si . 21
2 - O nome TOGOT ........................................................ 24
3 - A pesquisa ................................................................... 27
4 - Alguns dos elementos que influenciaram a elaboração do
  TOGOT ....................................................................... 33
  • O *Tzolkin* - Calendário maia de 260 dias .................. 33
  • A cosmogonia do Mandé, ou Mali - Tradições peule e
    bambara ..................................................................... 34
  • O Barddas e o conhecimento sagrado dos Druidas ...... 37
  • Os números 12 e 13 - A integração das energias
    masculinas e femininas ............................................... 40
  • O símbolo da roda ..................................................... 46
  • A tradição *Huna* dos antigos polinésios .................... 52
  • Os crânios de cristal e a mandala do TOGOT ............ 55
5 - Resumindo: alguns princípios de referência ................... 57
6 - Composição ................................................................. 60
  • Símbolos da Família Vermelha ................................... 61
  • Símbolos da Família Branca ....................................... 62
  • Símbolos da Família Azul ........................................... 63
  • Símbolos da Família Amarela ..................................... 64

SEGUNDA PARTE
# Os Símbolos e seu Significado

1 - Textos dos símbolos da Família Vermelha .................. 68

| | | |
|---|---|---|
| VR- 1 | ⚳ | Respeito - Aceitação |
| VR- 2 | ⊕ | Compreensão |
| VR- 3 | ☉ | Perdão |
| VR- 4 | = | Paciência/Perseverança |
| VR- 5 | ∥ | Quietude |
| VR- 6 | ∞ | Equilíbrio/Harmonia |
| VR- 7 | ↕ | Confiança/Fé |
| VR- 8 | ♈ | Força/Coragem/Poder |
| VR- 9 | ω | Responsabilidade/Generosidade |
| VR-10 | ♈ | Humildade/Sabedoria |
| VR-11 | ಶ | Saber estar só/Compaixão |
| VR-12 | ⊕ | Vigilância/Determinação |
| VR-13 | ○ | Amor/Serenidade |

2 - Textos dos símbolos da Família Branca .................. 94

| | | |
|---|---|---|
| BR- 1 | ☉ | Sol |
| BR- 2 | ☾ | Lua |
| BR- 3 | ☿ | Mercúrio |
| BR- 4 | ♀ | Vênus |
| BR- 5 | ♂ | Marte |
| BR- 6 | ♃ | Júpiter |
| BR- 7 | ♄ | Saturno |
| BR- 8 | ⚷ | Kiron |
| BR- 9 | ♅ | Urano |
| BR-10 | ♆ | Netuno |
| BR-11 | ♇ | Plutão |
| BR-12 | ● | Novo planeta |
| BR-13 | ♋ | Centro da Galáxia |

3 - Textos dos símbolos da Família Azul .................. 120

| | | |
|---|---|---|
| AZ- 1 | ♈ | Áries |
| AZ- 2 | ♉ | Touro |
| AZ- 3 | ♊ | Gêmeos |
| AZ- 4 | ♋ | Câncer |

| AZ- 5 | ♌ | Leão |
| AZ- 6 | ♍ | Virgem |
| AZ- 7 | ♎ | Libra |
| AZ- 8 | ♏ | Escorpião |
| AZ- 9 | ♐ | Sagitário |
| AZ-10 | ♑ | Capricórnio |
| AZ-11 | ♒ | Aquário |
| AZ-12 | ♓ | Peixes |
| AZ-13 | ☉ | Unidade além da Individualidade |

4 - Textos dos símbolos da Família Amarela .......... 146

| AM- 1 | ⊕ | Consciência |
| AM- 2 | ↓ | Poder interior |
| AM- 3 | ↑ | Vontade |
| AM- 4 | ↑ | Clareza |
| AM- 5 | ↓ | Realização |
| AM- 6 | ↑ | Aprimoramento |
| AM- 7 | ⊖ | Agilidade/Flexibilidade |
| AM- 8 | △ | Firmeza |
| AM- 9 | ⊙ | Governo |
| AM-10 | ⌒ | Colaboração |
| AM-11 | ○ | Encontros |
| AM-12 | ⋰⋱ | Serviço |
| AM-13 | ○ | Entrega |

*TERCEIRA PARTE*

# UTILIZAÇÃO DO TOGOT

1 - A consulta oracular .......... 175
   • Considerações gerais .......... 175
   • O que é um oráculo? .......... 176
   • Programação, destino e livre arbítrio .......... 178
   • Finalidade do TOGOT enquanto oráculo .......... 180
   • Condições desejáveis para a consulta .......... 182
      – Condições externas .......... 182
      – Condições internas .......... 182

- • A pergunta ............................................................. 183
  - – Escolha e elaboração da pergunta ................... 183
  - – Registro da pergunta ........................................ 184
- • Confirmação das condições necessárias à consulta .......... 184
- • A consulta ............................................................ 185
  - – Para obter informações sintéticas: 4 cartas ................. 185
  - – Para uma análise aprofundada: 13 cartas .................. 186
  - – Registro do resultado da consulta ............................. 186
- • Interpretação ........................................................ 187
  - – Considerações gerais ................................................ 187
  - – Símbolos com desenhos iguais em Famílias diferentes .... 189
  - – Sombra e luz dos símbolos ....................................... 190
  - – Posições especiais: o sétimo e o décimo-terceiro símbolos numa Seqüência de 13 cartas .................... 193
  - – O décimo-terceiro símbolo de cada Família ............ 194
  - – Relação entre os símbolos das Famílias Branca e Azul: composição ou reforço ................................. 195
  - – Relação entre os símbolos das 4 Famílias, em cada Fase de uma Seqüência em "G" e nas Seqüências em cruz ........ 197
  - – Relação cronológica entre as Fases de uma Seqüência de 13 cartas .......................................... 199
  - – O Propósito de Vida ................................................ 201
- • Limpeza das cartas e maneira de guardá-las ................. 205
- • Exemplo de interpretação de uma seqüência de 13 cartas .... 206

2 - O colar de integração ............................................... 218
3 - Uso dos símbolos e dos textos correspondentes, além da consulta oracular ............................................. 222
4 - Texto para mentalização, inspirado em conteúdos do TOGOT ............................................................. 224
5 - Uma versão do Pai-Nosso inspirada em conteúdos do TOGOT. 226
6 - Prece na forma da Tetraktys pitagórica ........................ 228
7 - Visualizações ........................................................... 228
8 - Exercício de respiração da tradição budista tibetana ...... 231

Bibliografia ..................................................................... 233
Sobre a autora ................................................................ 237

## Introdução

TOGOT é o nome dado ao conjunto dos 52 símbolos apresentado no presente livro. Seu foco é a busca da integração no ser:
- dos planos físico/etérico, emocional, mental e espiritual (as 4 Famílias de símbolos);
- de 12 qualidades de energia em cada plano (os 12 primeiros símbolos de cada Família), reunidas por sua vez numa décima terceira qualidade (o décimo terceiro símbolo de cada Família);
- e, mais diretamente, da sombra e da luz de cada símbolo[2].

Há muitas maneiras de trilhar o caminho em direção à integração e à libertação, e todos passam pelo conhecimento e aprimoramento de si; é o longo caminho da realização do potencial do ser humano que por sua vez permite alcançar a realização espiritual. O TOGOT soma novas possibilidades aos meios já existentes: textos com conteúdos voltados para os objetivos que acabamos de mencionar; uma nova forma de consulta oracular; um colar de meditação; preces, exercícios de mentalização e de visualização. Quando usado como suporte para um trabalho sistemático ele constitui uma preparação às vias iniciáticas tradicionais.

Como voltaremos a mencionar, o TOGOT surgiu do encontro entre a pesquisa desencadeada por um recado psicografado e elementos provenientes de vários horizontes: os conhecimentos dos índios americanos, dos kahunas, dos celtas, dos hindus, dos peuls; a astrologia, a alquimia, o esoterismo cristão e as doutrinas orientais baseadas, entre outras fontes, no I Ching. E é muito provável

---

[2] Nós nos referimos aos aspectos complementares de todo símbolo como "sombra" e "luz". Amadou Hampâté Bâ em seu livro *Contes initiatiques peuls* os nomeia aspectos noturnos e diurnos. Como será dito na Primeira Parte/4 - Os números 12 e 13 – A integração das energias masculinas e femininas –, esses dois aspectos sendo indissociáveis e igualmente necessários, as noções de bem, mal, pecado e culpabilidade não podem ser-lhes aplicadas.

que os princípios que lhe servem de base estejam presentes em outros contextos sobre os quais não tivemos oportunidade de nos debruçar.

A sincronicidade é sem dúvida o aspecto mais marcante do processo de criação do TOGOT. Digamos que "coincidências" significativas e intuições foram nossos guias e aliados na exploração de tão vastos territórios.

O TOGOT reflete as peculiaridades da época de seu nascimento, localizada na confluência do término de vários ciclos (século, milênio, era astrológica, ciclo maia de 5.200 anos, último yuga de um manvantara hindu)[3]. Nele estão presentes valores típicos dos ritos de passagem: desapego, integração da sombra e da luz, entrega do ego, "morte e renascimento" enquanto processo de transmutação e de transformação.

Na ferramenta que o TOGOT é, optamos por dar ênfase à noção de perdão por seu caráter profundamente transformador, mas liberando-a do contexto moral ao qual se vê freqüentemente associada: não é possível criar novas realidades sem antes fazer uma limpeza, tornar um espaço disponível. Isto diz respeito a todos os planos da vida. Esse processo é bem conhecido no plano físico, pois o corpo nasce dotado de sistemas apropriados de processamento e eliminação. Não pareceria sensato questionar a necessidade da expiração ou de qualquer outra forma de eliminação corporal, nem tampouco da faxina da casa onde se mora. A necessidade de limpeza e eliminação é tão vital nos planos emocional e mental quanto no plano físico. Se o risco de vida não é tão imediato, os efeitos nefastos deixam, porém, marcas visíveis na qualidade de vida de quem despreza essa necessidade. Perdoar, ou seja limpar-se dos sentimentos destrutivos, em particular dos ressentimentos e culpas, é tão importante para a saúde quanto para a realização dos objetivos almejados ao longo da vida[4].

---

[3] GUÉNON, René - *Formes Traditionnelles et Cycles Cosmiques*.

[4] O *Feng Shui*, referência cada vez mais mencionada no Ocidente, chama a atenção sobre a qualidade das energias presentes num espaço e sua adequada circulação; o bom *Feng Shui* de uma casa aumenta a saúde e felicidade daqueles que ali residem; o mesmo ocorre quanto à morada/corpos físico, emocional e mental.

Rever crenças que não servem mais, atende à mesma necessidade no plano mental.

A questão do relacionamento com seres desencarnados e de outros horizontes tem seu lugar, mesmo que discreto, numa abordagem cuja noção central é a integração. Ao pensar no mundo como uma infinita rede de inter-relações fomos levados a considerar uma multiplicidade de formas de existência, sejam elas comprovadas ou simplesmente prováveis.

O significado dos símbolos e a própria concepção do TOGOT foram se delineando ao longo da pesquisa e das experimentações que conduziram a sua forma atual e, por ser um sistema jovem[5], este tem recebido constantes aprimoramentos. Sabemos por experiência o quanto cada consulta, cada nova leitura, cada vivência pessoal contribui ao amadurecimento deste material; é provável portanto que ele venha ainda a se transformar.

---

[5] Usamos a palavra "sistema" segundo a definição do dicionário Larousse: "Combinação de elementos de mesma natureza reunidos de maneira a formar um conjunto em volta de um centro", o que corresponde à mandala que aparece nas costas das cartas do TOGOT.

Primeira Parte
# APRESENTAÇÃO DO TOGOT

# 1 - UM NOVO RECURSO DE CONHECIMENTO E APRIMORAMENTO DE SI

Quando nos colocamos no terreno da busca da realização do ser humano, que deveria implicar em sua realização espiritual, somos levados inevitavelmente a refletir sobre os meios que permitem alcançar tal objetivo.

Segundo René Guénon[6] os únicos verdadeiros caminhos têm sua origem numa Tradição Primordial, corpo de conhecimentos e práticas que espelha a Ordem Universal e que se caracteriza pela presença de um elemento não-humano (ou melhor, supra-humano) como ponto de partida do processo de realização, este sendo concebido em última instância como o meio capaz de conduzir o ser além de todo e qualquer estado condicionado. Para atender a contextos específicos, essa Tradição Primordial se desdobrou em várias organizações tradicionais segundo duas linhas, uma iniciática, a outra religiosa. As organizações dessas duas linhas merecem o qualificativo de tradicionais quando mantêm, interiormente, uma transmissão contínua dos conhecimentos teóricos e práticos, assim como da influência espiritual, herdados da Tradição Primordial. As organizações religiosas, berço do misticismo, são principalmente exotéricas, no sentido em que estão abertas a todos, em geral sem distinção. Por outro lado, por exigir daquele que expressa sua intenção de ser iniciado aptidões particulares, as organizações iniciáticas são esotéricas, ou seja limitadas a um número restrito de membros que, após sua admissão, deverão assimilar certos conhecimentos de ordem doutrinal antes de iniciar,

---

[6] René Guénon (1887-1951), francês nacionalizado egípcio, é um dos teóricos de maior relevância no campo do esoterismo e da metafísica. Seus conhecimentos de enorme abrangência se apoiam em sua participação efetiva a várias organizações iniciáticas.

sob o controle rigoroso e contínuo de um superior, o processo de sua realização interior. É próprio das organizações esotéricas manter segredo sobre os conhecimentos essenciais. Entre os caminhos religiosos e iniciáticos os segundos são, para Guénon, aqueles que permitem a efetiva realização espiritual[7].

A época em que vivemos implica – entre outros efeitos – a degenerescência das formas tradicionais. Trata-se, segundo os hindus, de um *Kali Yuga* ou último yuga de um *Manvantara*[8]. O *Kali Yuga* traz consigo vários fenômenos que resultam no afastamento cada vez maior do ser humano, e o revelam, em relação à Unidade Primordial[9]. A uma exacerbação da sombra corresponde uma diminuição da luz em suas formas tradicionais. A influência do plano material aumenta e com ele surge o domínio da quantidade, enquanto o plano espiritual perde força assim como o que diz respeito à qualidade. Um nível elevado de agressão à vida coloca em risco as possibilidades de perpetuação da raça humana.

Se lembrarmos que "as coisas, quaisquer que sejam, só podem existir enquanto elementos da ordem total e universal"[10] devemos reconhecer no entanto que o *Kali Yuga* faz parte dessa ordem e, com ele, todas as suas características, por mais destrutivas que sejam. Por sua vez, tradições e novas maneiras de seguir o caminho têm respectivamente seu papel a cumprir nessa ordem. Nos resta então desejar que pontos de vista e práticas diferentes possam coexistir e respeitar-se, e que cada indivíduo possa escolher os meios que correspondem ao momento no qual se encontra no caminho que lhe é próprio. Sabemos que, quando tomadas como "A Única Verdade", visões parciais ou particulares da realidade geram conflitos, individuais e coletivos, que podem ir de brigas familiares a guerras religiosas. É extremamente difícil escapar a visões parciais, mas é sempre possível evitar atitudes sectárias, conviver com a diferença e reconhecer, nas diferenças, uma riqueza.

---

[7] GUÉNON, René - *Aperçus sur l'initiation* e *Initiation et réalisation spirituelle*.
[8] Id. *Formes Traditionnelles et Cycles Cosmiques*.
[9] Id. *O Reino da Quantidade e os Sinais dos Tempos*.
[10] Id. *Aperçus sur l'initiation* - Capítulo IV.

Verificamos que, ao somar recursos oraculares diferentes para estudar questões importantes, obtínhamos um ganho: a ampliação e o aprofundamento da compreensão do assunto em foco. Como diz John Blofeld a respeito da busca da verdade "Todas as maneiras de representar o caminho e a finalidade só têm valor enquanto meios *cômodos* a serem usados enquanto não se atingiu a percepção intuitiva direta"[11], percepção essa que está fora do alcance das palavras e que se empobrece quando submetida à teorização.

Outra questão se coloca quanto ao *Kali Yuga*. O aumento extremo da sombra que o caracteriza reduz ainda mais o número já limitado daqueles que podem alcançar a realização espiritual por meios tradicionais, e o empenho desses seres humanos, mesmo que intensificado, poderia ser insuficiente para reverter uma crise geral tão profunda. Porém é possível observar um certo movimento de reversão, um número cada vez maior de indivíduos envolvidos num processo de tomada de consciência e de modificação, seja isoladamente, seja no seio de um grupo. É o "olho luminoso" despontando na metade obscura do símbolo do *Tao*. Desse "olho luminoso" também fazem parte o aumento da circulação de informações sérias relativas aos caminhos tradicionais[12], o surgimento de novas propostas comprometidas com a vida e a dimensão espiritual, e uma depuração da qual não devem escapar nem o modismo nem o charlatanismo, fenômenos inevitáveis num *Kali Yuga*.

O TOGOT, baseado no princípio da integração, teve seu nascimento e elaboração tão intensamente acompanhados pela sincronicidade e pela sensação de receber o apoio e a colaboração de outros planos que decidimos publicá-lo. Não houve inicialmente nenhuma intenção deliberada; foi *a posteriori* que se deu o reconhecimento de sua coerência e, ao longo das consultas oraculares em particular, de sua utilidade.

---

[11] BLOFELD, John - *Le Yoga de la Compassion*

[12] A edição da obra de René Guénon, apesar dos poucos títulos até agora traduzidos em português, é um exemplo disso.

Propor um novo "sistema" de conhecimento e aprimoramento de si, e em particular um oráculo, é sem dúvida um desafio. Deixamos a cada um, através de seu uso, verificar sua pertinência.

## 2 - O NOME TOGOT

O nome TOGOT é um tributo à cultura maia, fonte de inspiração para a forma do novo oráculo apresentado a seguir. As três letras do nome TOGOT correspondem a grafismos sagrados entre os maias, pois representam respectivamente a Árvore da Vida enraizada na Terra, o Sol e a Galáxia, mais exatamente um de seus braços[13] (Figs. 1, 2 e 3). Juntas, essas letras-símbolos mostram o caminho seguido pelas informações que circulam entre o cosmo e o ser humano: as perguntas e os pedidos de ajuda e orientação formulados pelo ser humano

Fig. 1 - Grafismo maia em forma de T.   Fig. 2 - Grafismo maia em forma de O.

Fig. 3 - Grafismo maia em forma de G.

---

[13]HUNBATZ MEN - *Segredos da Religião-Ciência Maia.*
Para outras interpretações simbólicas da letra G, ver: GUÉNON, René – *Os Símbolos da Ciência Sagrada,* Capítulo 17.

na Terra seguem, passando pelo centro mais próximo (o Sol), até o Centro (representado pelo centro da Galáxia) – residência privilegiada do Saber Superior – e as respostas voltam pelo mesmo caminho até se manifestarem, na Terra, em forma de sinais[14]. Consultas oraculares e preces, de modo deliberado, certas coincidências e certos sonhos, de modo espontâneo, seguem esse percurso simbólico.

Segundo o princípio da correspondência[15], a Galáxia se apresenta como um resumo do Universo manifestado e seu centro reflete a imagem do Centro primordial, lugar de encontro entre o vazio vivo, incriado, permanente (imóvel e eterno) com a manifestação, o movimento e o tempo contingente; lugar esse de onde provêm todas as formas de vida, entre elas as informações que circulam pelo cosmo. No circuito "reduzido" constituído por nossa Galáxia e acessível à compreensão humana, o Sol é o retransmissor das informações, a ponte entre o centro da Galáxia, imagem do Centro, e o ser humano na Terra. Tem-se então, na palavra TOGOT, uma réplica do caminho seguido, por exemplo, pela pergunta formulada pelo consulente do oráculo (Terra, Sol, Galáxia, ou seja T O G) e daquele usado pela resposta (Galáxia, Sol, Terra, ou seja G O T).

Línguas como o inglês e o alemão sugerem, para a palavra TOGOT, o sentido de "em direção de Deus", o que remete ao anseio de aprimoramento do consulente, a seu percurso rumo a espiritualidade.

Atribuindo-lhe valores numéricos[16], a palavra TOGOT transforma-se em:

---

[14]Em *O Poder do Mito* de Joseph Campbell há o relato de uma visão do xamã sioux Black Elk que faz referência à noção de centro: "Eu vi a mim mesmo na montanha do centro do mundo, o lugar mais alto, e tive uma visão, porque estava vendo do modo sagrado de ver o mundo". E, prosseguindo, ele nos lembra: "Mas a montanha do centro do mundo está em toda parte".

[15]A Lei da Correspondência é a primeira das leis enunciadas na Tábua de Esmeralda, atribuída a Hermes Trimegista que contém os preceitos do hermetismo. Ela estabelece uma relação entre "o que está em cima" e "o que está em baixo" e entre "cada parte" e "o Todo".

[16] Tabela usada em numerologia:

| 1 | 2 | 3 | 4 | 5 | 6 | 7 | 8 | 9 |
|---|---|---|---|---|---|---|---|---|
| a | b | c | d | e | f | g | h | i |
| j | k | l | m | n | o | p | q | r |
| s | t | u | v | w | x | y | z |   |

$$2\ 6\ 7\ 6\ 2 = 23 = 5$$

que pode ser representado por (Fig. 4):

Fig. 4

Cada um desses símbolos expressa o princípio da integração.

O número "7", que ocupa o posição central na palavra, simboliza a totalidade do espaço e do tempo que é a própria residência do Registro Akashico. Ele simboliza igualmente o universo em movimento, em volta do Centro, e se vê assim adequadamente associado à Galáxia (o "G" no nome).

Como acontece na palavra T O G O T (2 6 7 6 2), no tabuleiro de 13 casas, a sétima ocupa o lugar central, o que confere ao símbolo que nela se encontra o papel de eixo e de pano de fundo para a leitura[17].

No *Jin Shin Jiutsu*[18], o ponto número "23" (soma dos valores numéricos atribuídos às letras do nome TOGOT) ajuda o ser humano a lembrar o propósito de sua existência e a se libertar do medo – única maneira de atingir a realização desse Propósito.

Para os pitagóricos, o "5" (redução do número 23: 2+3=5) é o número do centro, da harmonia e do equilíbrio; é o número do casamento entre o princípio celeste "3" e o princípio terrestre "2". É ainda o símbolo do ser humano (Fig. 5):

O número "5" representa também a totalidade do mundo sensível (os 5 princípios das culturas orientais) (Fig. 6); representa a Vontade Divina em seu desejo de harmonia e perfeição. É o número da realidade manifestada.

---

[17]Terceira Parte/1 - Posições especiais: o sétimo e o décimo-terceiro símbolos numa Seqüência de 13 cartas.

[18]O *Jin Shin Jiutsu* é a arte da harmonização da energia por toques com as mãos em 26 pontos do corpo onde a energia se concentra.

Fig. 5

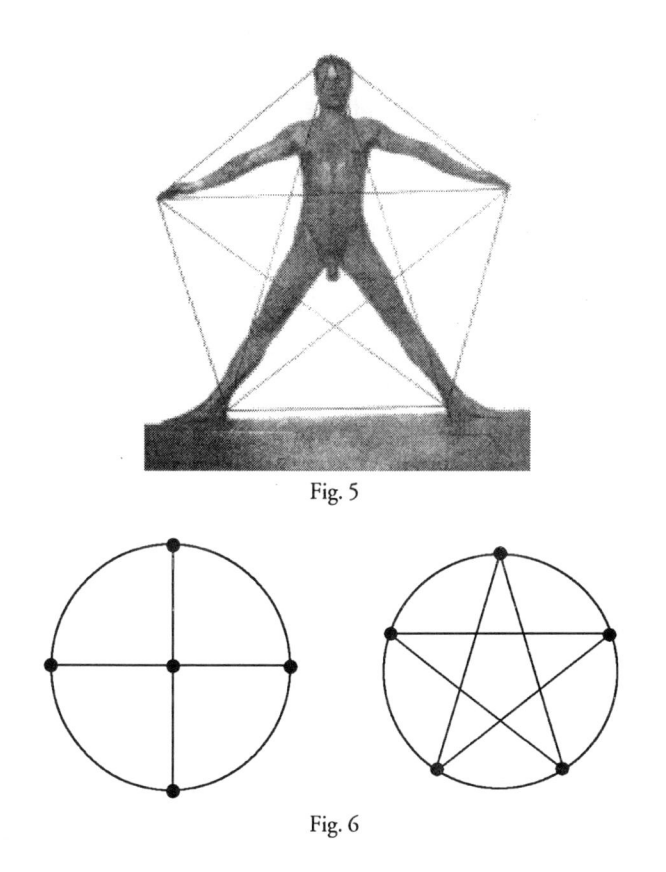

Fig. 6

Por todas essas razões, TOGOT tornou-se o nome do que até então vinha sendo o "Oráculo de Integração".

## 3 - A PESQUISA

A mensagem psicografada que desencadeou esta pesquisa sugeria que nós (meus vários *euzinhos* orquestrados, nos melhores momentos, por meu Eu Superior!) fizéssemos sete potes de cerâmica, cada um representando um valor humano. Seguindo a intuição que se manifestou naquele momento, escolhemos os seguintes valores: **Respeito, Compreensão, Perdão, Amor, Paciência, Silêncio e Equilíbrio**. A questão era: como traduzir esses conceitos em símbolos que pudessem ser gravados na cerâmica?

Considerando o primeiro valor (**Respeito**), imaginamos um ser humano, com suas particularidades ( ☽ ), coexistindo com outro, diferente dele ( ☾ ). Ele não o entende, mas respeita e aceita sua existência, pois são parte de uma mesma e grande história que os mantém ligados ( ⚯ ). Essa imagem nos levou a acrescentar ao valor **Respeito**, o valor **Aceitação**.

A um passo além do **Respeito** e da **Aceitação**, os dois seres humanos do primeiro símbolo alcançam a **Compreensão**. Voltam-se um para o outro (☾☽) e aproximam-se num movimento de interação, experimentando a unidade ( ⦿ ).

Quando sentimos raiva ou ressentimento por uma pessoa, procuramos excluir esta última de nosso coração, jogando-a longe ( O⃗ o ); o **Perdão** acontece quando voltamos a acolhê-la dentro de nós ( ⊙ ).

Para a representação do **Amor**, impôs-se imediatamente a nossa mente o círculo ( O ), expressando tanto sua relação com o *chakra* do coração quanto com a Unidade, a Divindade ou o Todo. Mais tarde, este símbolo foi complementado pelo valor **Alegria**, depois substituído por **Serenidade** para melhor expressar a noção de centro.

Pensando na **Paciência**, aos olhos de nossa mente apresentou-se um búfalo arando um arrozal. Ao atingir a extremidade do campo encharcado, ele voltava e retomava a marcha, lenta e pesada, e assim ano após ano. Registramos então a marca do arado na terra ( = ) e, à **Paciência**, acrescentamos a **Perseverança**.

Já o **Silêncio** se manifestou na forma de um bosque de pinheiros, com seus troncos altos e retos. O corpo do ser humano que medita apresenta as mesmas linhas ( ∥ ): um canal ligando o plano inferior ao superior, buscando aquietar-se interna e externamente. Por ser mais abrangente, o valor **Quietude** veio substituir o **Silêncio**.

Um desenho que havíamos feito anos antes pareceu apropriado para representar o conceito de **Equilíbrio**. Tratava-se de um círculo fechado, solar ( O ), encimado por um círculo aberto, lunar ( ☾ ), ligados por uma linha vertical ( ⚵ ). O todo lembrava um monociclo desses de circo, mantendo-se em pé pelo efeito de uma vontade oculta. Em função da coexistência dos elementos masculino e feminino acrescentamos ao nome deste símbolo o valor **Harmonia**.

A elaboração dos símbolos teve por critério o que a observação das formas nos revela. O círculo indica sempre uma unidade, seja ela o ser humano, o *chakra* do coração, a Divindade ou o Todo ( ○ ☉ ↯ ); o traço horizontal representa o plano da Terra, o meio propício às experiências ( ⊖ ⊥ ⊤ ), e as pontas desse traço sugerem as polaridades dessas experiências ( - ⊖ + ). A flecha virada para baixo aponta para o plano da Terra, da matéria ( ↓ ↕ ⅄ ), e a flecha virada para cima aponta para o plano espiritual ( ↑ ↑ ⚴ ).

Esse foi o processo mental que nos foi dado perceber e seguir. Digamos que pudemos identificar esses símbolos, que nós os retiramos de um fundo universal do qual é impossível precisar a antigüidade. Aliás, ao expressarmos algo que resulta de uma conexão com nosso Eu Superior, o ato de criação seria melhor denominado de co-criação e eventualmente, em certos casos, de canalização.

Na época em que aquela mensagem nos foi transmitida, além de trabalhar com cerâmica, estudávamos as energias sutis do corpo humano e seus *chakras*, assim como a radiestesia[19] e a radiônica[20].

Logo descobrimos que os sete potes de cerâmica formavam um "aparelho" de radiônica. Nós os mantínhamos numa ordem determinada, em lugar resguardado, e com eles começamos a praticar a harmonização à distância dos corpos sutis de algumas pessoas conhecidas. Esse grupo chegou, em um ano, a uma centena de pessoas[21].

Numa palestra do professor Robert Happé sobre cinco *chakras* móveis descobrimos a existência de uma relação entre estes e cinco símbolos que tínhamos elaborado nos meses anteriores. Aos nomes por nós escolhidos associamos os nomes mencionados na ocasião pelo professor Robert Happé. Dessa fusão surgiu o conjunto:

---

[19] Uso do pêndulo ou de outro instrumento para captar as energias sutis.

[20] Uso das formas, principalmente geométricas, para modificar as energias de um ser, em geral à distância.

[21] Amadou Hampâté Bâ, em seu livro *Contes initiatiques peuls*, menciona que, sobre os altares africanos, encontra-se um certo número de potes de cerâmica: três, cinco ou sete. Quando estão em número de sete, representam os setes centros do corpo humano.

Confiança/Fé ( ↕ ), Força/Coragem/Poder ( ☿ ), Generosidade/ Responsabilidade ( ♉ ), Humildade/ Sabedoria ( ☿ ) e Saber estar só/Compaixão (☾).

Havia agora uma família de doze símbolos e com eles prosseguimos nosso trabalho de harmonização à distância.

No fim de um ano, percebemos que não deveríamos mais trabalhar, como fazíamos, "para" as pessoas, e sim fornecer-lhes elementos com os quais pudessem trabalhar por si mesmas. O fato dessa questão ética só ter surgido após um ano de atividade nos deixou o tempo de fazer descobertas que somente a prática permite; pudemos, por exemplo, experimentar a existência do cordão *aka*[22]. Suspendemos então a atividade de harmonização à distância e vários dos objetos de cerâmica que produzíamos tornaram-se suportes para os símbolos: talismãs, adornos e outros que textos explicativos acompanhavam.

Em certa época, fez-se muito presente uma necessidade de rezar, algo que até então nunca havíamos conseguido fazer. Num momento de inspiração, formulamos uma invocação à Luz na qual identificamos doze temas que logo se tornaram símbolos. Havia nascido uma nova Família. Percebemos então que as duas Famílias existentes podiam representar respectivamente os planos físico e espiritual. Entre eles abria-se um espaço onde naturalmente vieram se encaixar o plano emocional e o plano mental. Escolhemos os planetas para representar o primeiro e os signos do Zodíaco para o segundo (Fig. 7):

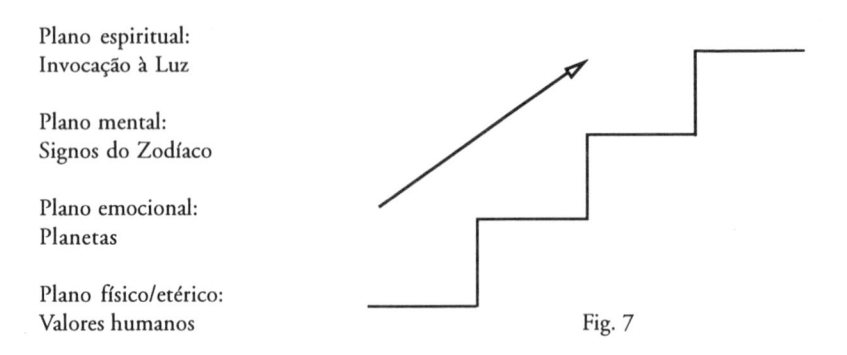

Plano espiritual:
Invocação à Luz

Plano mental:
Signos do Zodíaco

Plano emocional:
Planetas

Plano físico/etérico:
Valores humanos

Fig. 7

---

[22]Primeira Parte/4 - A tradição *Huna* dos antigos polinésios.

Apesar de nunca termos nos aprofundado no campo da astrologia, reconhecíamos o poder desses símbolos e sentíamos necessidade de usá-los de algum modo. Havia chegado o momento, pois, reunidas, as quatro Famílias de símbolos se organizavam numa progressão, tanto em nível microcósmico quanto macrocósmico (Fig. 8):

| Planos | Elementos Simbólicos | Microcosmo | Macrocosmo | Famílias |
|---|---|---|---|---|
| Espiritual | Invocação à Luz | Corpo espiritual | Cosmo | Amarela |
| Mental | Signos do Zodíaco | Corpo mental | Galáxia | Azul |
| Emocional | Planetas | Corpo emocional | Sistema solar | Branca |
| Físico/etérico | Valores humanos | Corpo físico/etérico | Ser Humano na Terra | Vermelha |

Fig. 8

As cores atribuídas às Famílias de símbolos são inspiradas no *Tzolkin*, calendário sagrado maia[23], onde são usadas para representar os 4 pontos cardeais: vermelho para o Leste, branco para o Norte, azul para o Oeste e amarelo para o Sul. Índios da América do Norte usam o preto no lugar do azul, com a mesma finalidade. Existe um profundo sentido na escolha destas cores, pois elas representam coisas que todos os humanos têm em comum: o vermelho do sangue, o branco dos ossos, o preto da pupila e o amarelo da medula.

Como o sistema solar reúne, para o uso astrológico habitual, apenas 10 corpos celestes, escolhemos 2 elementos para completar a

---

[23] Calendário sagrado maia de uso oracular, como apresentado por José Argüelles em *O Encantamento do Sonho*. É o valor simbólico da pesquisa desenvolvida por José Argüelles que aqui levamos em consideração, por sua participação em várias coincidências relevantes para o processo de criação do TOGOT. Não nos cabe questionar aqui sua justeza no domínio astronômico.

Família Branca: o asteróide Kiron, por sua ligação com a cura e com o ensino, e o corpo celeste cuja descoberta vem sendo aguardada por astrônomos e astrólogos, o que permitiu introduzir no TOGOT as noções de Novo e Desconhecido[24].

O conjunto dos 48 símbolos logo recebeu a forma de um colar chamado Roda de Integração. Foi concebido para servir de suporte a um exercício de mentalização, à maneira do *japa mala* hindu ou do rosário cristão[25].

Tempos depois, confeccionamos um conjunto de pastilhas de cerâmica, gravando um símbolo em cada uma. Esse formato sugeria o uso oracular do material. Começamos então a estudar questões de ordem pessoal, retendo apenas uma informação por Família.

O estudo do *Tzolkin* nos levou a modificar a primeira versão do oráculo. Em primeiro lugar, confirmamos a agregação de um décimo terceiro símbolo a cada uma das Famílias. Depois, percebemos que o espaço de leitura do oráculo maia, com suas 4 cores repetidas sobre o tabuleiro lembrando a letra G, coincidia com a estrutura das 4 Famílias do Oráculo de Integração – como então o chamávamos. Além disso, uma leitura baseada em 13 símbolos ampliava as possibilidades de interpretação da resposta.

A agregação de um décimo-terceiro símbolo a cada uma das Famílias suscitou uma modificação da estrutura interna destas. De 12 elementos pertencendo a um mesmo plano passamos a ter 12 + 1, o décimo-terceiro sintetizando os outros doze e colocando-se por isso num plano acima deles.

Quando a Família Vermelha era constituída por apenas 7 símbolos relacionados aos 7 chakras principais do corpo humano, **Amor/Serenidade** ocupava o quarto lugar, ou seja o lugar do coração. Na atual estrutura 12 + 1, **Amor/Serenidade** assumiu o décimo-terceiro lugar, pois consideramos que este valor reúne todos os outros.

---

[24] O símbolo "O Novo Planeta" permanecerá no TOGOT mesmo sendo descoberto o corpo celeste que motivou sua criação.

[25] CHEVALIER, Jean / GHEERBRANT, Alain - *Dictionnaire des symboles*/Rosaire.

Ao longo dos anos, o TOGOT foi tecido com fios provenientes de numerosas fontes: fonte secreta da intuição, antigas e sagradas fontes de várias tradições[26]. Mencionamos a seguir algumas delas.

## 4 - ALGUNS DOS ELEMENTOS QUE INFLUENCIARAM A ELABORAÇÃO DO TOGOT

### O *Tzolkin* - Calendário maia de 260 dias

Os antigos maias tinham um conhecimento extremamente apurado do tempo e, por meio de diferentes calendários, acompanhavam com extraordinária precisão o ritmo do Sol, da Lua, de Vênus e de outros corpos celestes.

Eles parecem ter conhecido o fenômeno da precessão dos equinócios segundo o qual a volta completa do eixo de rotação da Terra em torno do eixo da eclíptica dá-se em cerca de 26.000 anos[27]. A divisão dessa órbita por 12 tem como resultado 2.160 anos, tempo médio de cada era astrológica.

Os 260 dias do calendário sagrado maia, o *Tzolkin*, são um reflexo dos 26.000 anos da precessão dos equinócios. Por esse intermédio, a

---

[26]A respeito da Tradição primordial e das tradições que dela decorrem, ver as obras de René Guénon, em particular *Os Símbolos da Ciência Sagrada*. No decorrer do processo de elaboração do TOGOT tivemos a oportunidade de encontrar e apreciar tradições que não pertencem ao conjunto das "grandes tradições", as únicas mencionadas por Guénon. Essas tradições "menores" em impacto sobre o atual quadro mundial não deixam de ser altamente relevantes, de outros pontos de vista.

[27]BOCZKO, R. - *Conceitos de Astronomia*; MASCHEVILLE, Emma Costet de. - *Luz e Sombra*.
Devido ao movimento da Terra, o eixo desta aponta sucessivamente para lugares diferentes do céu. Dessa maneira, as posições de nascimento e ocaso de certas estrelas em relação a certas constelações se modificam. As estrelas recuam numa direção contrária à ordem dos doze signos do Zodíaco, de maneira quase imperceptível. Uma mesma estrela leva um pouco menos de 26.000 anos para voltar a ocupar um determinado ponto do horizonte.

dimensão galáctica torna-se acessível à medida humana. Esses 260 dias, por sua vez, expressam a combinação de 20 glifos e 13 números: 260 configurações energéticas que retratavam o universo e marcavam profundamente a vida dos antigos maias. Para a contagem do tempo, o *Tzolkin* era sincronizado com outros calendários, em particular os calendários solar e lunar. Além de calendário, ele era usado como oráculo, tanto para elaborar interpretações e previsões de fatos históricos, quanto para determinar a maneira como os adultos deveriam se relacionar com uma criança, moldando-lhe assim a personalidade numa perspectiva cósmica.

Segundo a contagem maia do tempo, a humanidade se encontra hoje num momento especialmente delicado: o encerramento de um período curto de 5.200 anos e, muito provavelmente, de um período longo de 26.000 anos[28].

No momento em que percebemos que o espaço de leitura do oráculo maia – com sua forma em G, suas 4 cores e suas 4 fases[29] – acolhia os 52 símbolos que havíamos reunido[30], ele se tornou o espaço de leitura privilegiado do TOGOT. Do *Tzolkin*, o TOGOT herdou a configuração e certos aspectos do modo de leitura.

## A cosmogonia do Mandé, ou Mali - Tradições Peul e Bambara

Em seu livro, *Contes Initiatiques Peuls*, Amadou Hampâté Bâ apresenta o mito de criação compartilhado pelos pastores Peuls e pelos

---

[28] A respeito de outros ciclos, ver: GUÉNON, René - *Formes traditionnelles et cycles cosmiques.*
  Gostaríamos de ressaltar que a noção de "fim de ciclos" não significa "fim do mundo" mas pode muito bem significar "o fim de um mundo, em sua forma particular". Já que pensamos que nossas crenças influenciam o futuro, escolhemos pessoalmente alimentar a possibilidade, para o "novo mundo", de um futuro de vida, mais consciente, responsável e feliz.

[29] Como apresentado por José Argüelles em *O Encantamento do Sonho.*

[30] GUÉNON, René - *O Rei do Mundo* – O número 52 tem igualmente um papel importante na tradição hindu que o considera como sendo o número total dos sentidos incluídos no Veda; a esses sentidos correspondem outras tantas pronúncias diferentes do monossílabo OM.

bambaras, habitantes do Mali, na África. Existem afinidades entre este mito e o TOGOT no que diz respeito à concepção do Deus criador supremo e do homem primordial.

*"Antes da criação do mundo, antes do começo de todas as coisas, não havia nada, senão UM SER. Esse Ser era um Vazio sem nome e sem limites, mas era um Vazio vivo, chocando potencialmente em si a soma de todas as existências possíveis.*

*O Tempo infinito, atemporal, era a morada desse Ser-Uno.*

*Ele se deu dois olhos. Ele os fechou: a noite foi engendrada. Ele voltou a abri-los: assim nasceu o dia.*

*A noite encarnou-se em Lewrou, a Lua. O dia encarnou-se em Nâ'ngué, o Sol.*

*O Sol desposou a Lua. Eles procriaram Doumounna, o Tempo temporal divino.*

*Doumounna perguntou ao Tempo infinito por qual nome ele devia invocá-lo. Este respondeu: "Chama-me Guéno, o Eterno".*

*Guéno quis ser conhecido. Ele quis ter um interlocutor. Então ele criou um Ovo maravilhoso, comportando nove divisões, e nele introduziu os nove estados fundamentais da existência.*

*Depois, ele entregou o Ovo ao Tempo temporal Doumounna. "Choque-o com paciência, diz ele. E dele sairá o que sairá".*

*Doumounna chocou o Ovo maravilhoso e o nomeou Botchio'ndé.*

*Quando esse Ovo cósmico eclodiu deu nascimento a vinte seres fabulosos que constituíam a totalidade do universo visível e invisível, a totalidade das forças existentes e de todos os conhecimentos possíveis.*

*Porém, infelizmente, nenhuma dessas vinte primeiras criaturas fabulosas se revelou apta a se tornar o interlocutor que Guéno tinha desejado para Si.*

*Então, ele prelevou uma parcela sobre cada uma das criaturas existentes. Ele as misturou e, soprando nessa mistura uma faísca de seu próprio sopro ígneo, criou um novo Ser: Neddo, o Homem.*

*Síntese de todos os elementos do Universo, os superiores e os inferiores, receptáculo por excelência da Força suprema ao mesmo tempo que confluente de todas as forças existentes, boas ou más, Neddo, o Homem primordial, recebeu em herança uma parte do poder criativo divino, o dom do Espírito e a Palavra.*

*Guéno ensinou a Neddo, seu Interlocutor, as leis segundo as quais todos os elementos do cosmo foram formados e continuam a existir. Ele o constituiu Guardião e Gerente de seu universo e o encarregou de zelar pela manutenção da harmonia universal. Por isso é pesado ser Neddo.*

*Iniciado por seu criador, Neddo transmitiu mais tarde a sua descendência a totalidade de seus conhecimentos. Foi o início da grande cadeia de transmissão oral iniciática.*

*Neddo, o Homem primordial, engendrou Kîkala, o primeiro homem terrestre, cuja esposa foi Nâgara.*

*Kîkala engendrou Habana-koel: "Cada um por si".*

*"Cada um por si" engendrou Tcheli: "Bifurcação da estrada".*

*"Bifurcação da estrada" teve dois filhos: o primeiro, o "Velho Homem" (Gorko-mawdo), representou a Via do Bem; a segunda, a "Velhinha encanecida" (Dewel-Nayewel), representou a Via do Mal. Deles saíram duas linhagens de tendências opostas:*

*O "Velho Homem" engendrou Neddo-nawdo, o "Homem digno de consideração", que por sua vez trouxe ao mundo quatro filhos: "Grande Audição", "Grande Fala", "Grande Visão" e "Grande Ação".*

*Sua irmã, a "Velhinha encanecida", engendrou ela também quatro filhos: "Miséria", "Má sorte", "Animosidade" e "Detestável".*

O homem sendo o ponto de encontro de todas as influências e de todas as forças, o bem e o mal estão presentes nele. É seu comportamento que fará aparecer um ou outro.

Neddo, é o homem puro, ideal. O comportamento perfeito se chama neddakou, quer dizer o que faz um homem em todos os sentidos da palavra: nobreza, coragem, magnanimidade, prestimosidade, desprendimento. A noção de Neddo cobre ao mesmo tempo o homem e a mulher, pois diz-se que Neddo contém nele, ao mesmo tempo, o masculino (*babba*: pai) e o feminino (*inna*: mãe), respectivamente associados ao Céu e à Terra. O estado de neddakou, o estado de humanidade perfeita é igualmente masculino e feminino.

## O *Barddas* e o conhecimento sagrado dos Druidas

Segundo a tradição celta, ao ser humano está reservada a necessidade de conhecer tudo o que há para ser conhecido e de vivenciar as diversas qualidades de energias que a ele se apresentam, ao longo de muitas encarnações. Independentemente e além das reações desencadeadas por suas ações, o ser humano encontra portanto em seu caminho novas lições, até que tudo seja experimentado e conhecido; e isso até que, em função desse conhecimento, e por vontade própria, ele faça conscientemente escolhas na luz e não mais na sombra. Após ter realizado seu potencial humano, ele alcança a libertação dos estados condicionados.

O texto chamado BARDDAS, que contém antigos ensinamentos druídicos[31], fala a esse respeito.

*"Através de cada forma capaz de encerrar a vida,*
*Nas águas, nos ares, no céu,*
*Suportei rigores e tormentos, mal e sofrimento,*
*E pequenas e parcas foram minhas alegrias,*
*Até que me transformasse em Homem.*

*Pois, para quem não viu nem conheceu todas as coisas,*
*O GWENWED[32] permanece inacessível;*
*E não se pode ver e conhecer nenhuma coisa,*
*Sem ter sofrido.*

*Não pode haver Amor completo e perfeito*
*Que não confira o poder de adquirir a Ciência*
*Que leva a GWENWED.*

---

[31] QUESTIN, Marc - *La Connaissance Sacrée des Druides*. Desse texto retemos o que diz respeito à trajetória do ser pela condição humana, sem entrar na questão da passagem pelos reinos minerais, vegetais e animais.

[32] GWENWED significa o "Círculo, ou Mundo, Branco" que é o lugar de Luz, conhecimento, liberdade, imortalidade, em oposição ao "Mundo Negro", lugar de necessidade. O acesso a GWENWED só é possível pela maestria sobre o "mal" (a sombra) e a morte, sobre toda oposição e todo princípio de destruição.

*Pois GWENWED não poderia existir*
*Sem o conhecimento completo de todas as formas de existência,*
*De todo sofrimento, de toda alegria, de todo mal e de todo bem.*
*...*
*Sem o triunfo sobre o mal e a morte,*
*Sobre todo obstáculo e todo princípio de destruição,*
*Não poderia haver vida em GWENWED.*
*E não se poderia vencer os males sem conhecer*
*Sua espécie, sua natureza, seu poder, sua ação,*
*Sua situação, seu tempo, sua forma e maneira de ser.*
*Não se poderia vencê-los sem conhecer*
*As energias que a eles se pode opor para desfazê-los,*
*Nem o aprimoramento que deles se deve obter,*
*Nem a vitória que sobre eles pode ser alcançada.*

*Lá onde existe esse ponto de perfeito conhecimento,*
*Reside a perfeita Liberdade.*
*E não poderia haver libertação do Mal,*
*Nem vitória sobre a Morte*
*Senão lá onde se encontra essa Liberdade absoluta e perfeita.*
*...*
*Porque não há nenhuma identidade entre duas formas de Vida,*
*Não pode existir ciência perfeita*
*Sem a travessia de cada estado".*

Essa visão abre a possibilidade de se libertar de dois aspectos da sombra que, certamente, todos nós conhecemos bastante: o julgamento e a culpa. Quando conseguimos ver a sombra como parte integrante do mundo da manifestação, como material a ser inevitavelmente trabalhado por todos os seres, tão necessário ao aprimoramento – senão mais – do que a luz, não há mais sentido em julgar aqueles que estão envolvidos nela nem em sentir culpa por estarmos envolvidos nela.

Aceitar a sombra é um primeiro passo; outro passo importante é perceber onde podemos encontrá-la, enfrentá-la e integrá-la. Uma antiga história-ensinamento nos mostra onde se encontra esse território em que podemos agir.

*"Um guerreiro veio até o Mestre Zen Hakuin. Era um samurai, um grande soldado. Ele perguntou: 'Existe algum inferno? Existe algum céu? Se existem inferno e céu, onde estarão os portões? Por onde eu entro?'*

*Ele era um guerreiro, simples; não haviam grandes questionamentos em sua mente. Ele conhecia apenas duas coisas, vida e morte. Não queria aprender uma doutrina e sim saber onde estava o portão, assim poderia evitar o inferno e entrar no céu.*

*Hakuin disse: 'Quem é você?'*

*E o guerreiro respondeu: 'Sou um samurai'. No Japão é um grande orgulho ser um samurai. Significa um homem que não hesitará, em momento algum, em dar sua vida. E acrescentou: 'Sou um samurai, e sou um líder de samurais. Até mesmo o imperador me reverencia'.*

*Hakuin riu e disse: 'Você, um samurai? Parece um mendigo!'*

*Seu orgulho foi ferido. O samurai esqueceu para que tinha vindo. Desembainhou sua espada e estava a ponto de matar Hakuin.*

*Então Hakuin riu e disse: 'Este é o portão do inferno. Com esta espada, esta raiva, este ego, o portão é aberto'.*

*Isso um guerreiro pode entender. Imediatamente o samurai compreendeu. Ele colocou de volta a espada na bainha... e Hakuin disse: 'Aqui se abre o portão do céu'".*

"Céu" e "inferno" encontram-se dentro do ser humano e, a cada instante, este escolhe com qual deles quer se relacionar. O ego leva ao "inferno" na medida em que favorece, entre outros estados, o descontrole, a destruição e a separação. O Eu Superior, por meio da consciência desperta e do domínio sobre o ego, leva ao "céu" pois permite que a ação brote do centro do próprio ser, em consonância com o divino. A sombra, assim como a luz, estão presentes na totalidade do universo manifestado, por isso estão igualmente presentes em nós, e é lá, unicamente, que podemos agir sobre elas e integrar o conhecimento que as acompanha.

## Os números 12 e 13 - A integração das energias masculinas e femininas

A maneira como o número 13 ingressou no contexto do TOGOT levou-nos a pensar em seu significado simbólico, em sua relação com o número 12, e na ligação de ambos com as energias polarizadas do feminino e do masculino. Antes de falarmos do 12 e do 13, consideremos por um instante os aspectos da polaridade e da dualidade.

As duas noções resultam da observação da natureza, porém num grau diferente. Enquanto uma observação parcial conduz à percepção da dualidade (A ou B), uma observação mais ampla e apurada leva à compreensão da polaridade (A e B). A noção de dualidade vê-se reforçada pela atribuição de um julgamento de valor a A e B. O ser humano atribui valores antagônicos (bom/ruim, certo/errado...) a aspectos da realidade como a vida e a morte, a saúde e a doença, eu e o outro, e passa a desejá-los ou a rejeitá-los exclusivamente: no mundo da dualidade residem julgamento, separação e exclusão. Já quando esses fenômenos são vistos como aspectos complementares e indissociáveis de uma mesma realidade, entra-se no mundo da polaridade. Aqui, a doença é vista como o sinal de um equilíbrio que pode ser restabelecido, o indicador de algo a ser aprendido; a morte no plano da Terra significa o ingresso na vida em outro plano de realidade; o mar que separa dois continentes também os une; a eletricidade produz luz a partir da união de seus pólos negativo e positivo.

Enquanto a dualidade é, de certa maneira, uma atitude ideológica, que aliás propicia a manipulação das energias das pessoas, a polaridade é o reconhecimento de uma qualidade inerente ao mundo manifestado em harmonia com a Ordem Universal. E enquanto o ser humano estiver encarnado no plano da manifestação, seu caminho o levará a entender e integrar a polaridade, para então experimentar a unidade. As noções de competição, separação e exclusão que acompanham a dualidade engendram emoções e idéias de isolamento, falta de sentido existencial, medo e desespero. As noções de colaboração, integração e unicidade que decorrem do entendimento da polaridade geram emoções e idéias de pertencimento, sentido existencial e possibilitam a confiança e a serenidade.

Os pares excludentes da dualidade, ou complementares da polaridade, são freqüentemente representados pelas imagens do feminino e do masculino. No mundo da manifestação, tudo o que é polarizado pode ser interpretado simbolicamente a partir dessas energias.

Um ser humano que reconhece e usa de maneira equilibrada suas energias interiores complementares, integrando-as, tende a se tornar um ser completo. Não precisando mais ser preenchido por outra pessoa para sentir-se inteiro, ele pode estabelecer relações verdadeiramente livres e criativas com outros seres inteiros. Em cada situação e a cada instante, é preciso realizar esse casamento alquímico (Fig. 9). Nele se morre e se renasce, prossegue-se no aprimoramento e na realização da consciência.

Fig. 9 - Na alquimia encontra-se o símbolo do andrógino, presença no ser dos dois princípios complementares, essencialmente unidos, mas exteriormente polarizados.

No símbolo do Tao (Fig. 10), o Yin (em negro) representa as energias femininas e o Yang (em branco ou vermelho) as energias masculinas[33]. Segundo o Mapa do Rio[34] (Fig. 11 e 12), o Yang é associado

---

[33] WILHELM, Richard - *I Ching – O livro das mutações*; GUÉNON, René - *A Grande Tríade*.

[34] GUÉNON, René - *A Grande Tríade*.

Fig. 10 - Representação do *Tao*.

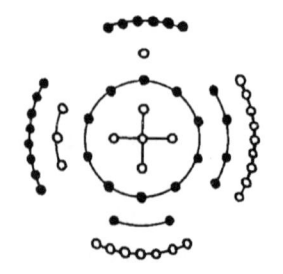

Fig. 11 - O Mapa do Rio - Grafismo circular mencionado numa lenda chinesa de grande antiguidade e relacionado ao mítico Fu Xi, o mais antigo dos "pais" do I Ching.

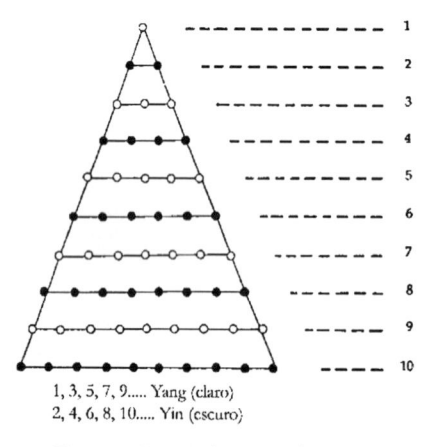

1, 3, 5, 7, 9..... Yang (claro)
2, 4, 6, 8, 10..... Yin (escuro)

Fig. 12 - Síntese do Mapa do Rio.

aos números ímpares e o Yin aos números pares; assim sendo, o 13 possui uma qualidade Yang, masculina, e o 12 uma qualidade Yin, feminina. A correspondência dos números pares com o feminino e dos números ímpares com o masculino é mencionada em todas as doutrinas tradicionais. Certos pares de números, no entanto, quando considerados em sua relação mútua e não mais em relação ao conjunto dos números, apresentam um significado oposto[35]. É o caso do 5 e do 6, onde o 5 é a Terra (Yin) e o 6, o Céu (Yang). No caso do 12 e do 13, ocorre a mesma inversão. O Sol é em geral associado às energias

---

[35] GUÉNON, René - *A Grande Tríade*.

masculinas e a Lua, às femininas. Por associação, o número **12** (12 meses do calendário solar) é relacionado ao masculino, ao patriarcado, e o número **13** (13 lunações por ano) ao feminino, ao matriarcado. Um aspecto significativo da relação entre os números 12 e 13 foi expresso pelo pintor e inventor Leonardo da Vinci, no quadro *A Última Ceia* (Fig. 13). Nele, os 12 apóstolos, cada um representando um signo do Zodíaco, ladeiam o Cristo, décima terceira presença[36]. O Cristo, que reúne em si a experiência e o conhecimento dos 12 signos individualizados, encarna o movimento necessário de morte e renascimento; um renascimento numa "oitava" superior, dentro do padrão de aperfeiçoamento da consciência. Esse quadro aponta para uma reconciliação, uma integração, em Cristo (ou seja, no décimo terceiro elemento), das 12 maneiras de ver e experimentar o mundo representadas pelos 12 signos.

Fig. 13 - *A Última Ceia* - Leonardo da Vinci

Essa estrutura de 12 + 1 elementos, este último pertencendo a um plano mais elevado que, quando o grafismo o permite, ocupa o centro, encontra-se presente em contextos diversos. A Santa Ceia é por vezes retratada em forma circular (Fig. 14). Em certas versões do mito do Santo Graal, 12 cavaleiros reúnem-se ao rei Artur em volta da Távola redonda; às vezes é o Graal que aparece no centro do círculo

---

[36] MASCHEVILLE, Emma Costet de. - *Luz e Sombra*.

Fig. 14 - A Santa Ceia – Westphalian altar, c. 1370/80.

formado pela mesa. Voltaremos a encontrar essa configuração na mandala dos crânios de cristal e na própria mandala formada pelo símbolos do TOGOT[37].

A figura onde os antigos astrólogos inscreviam o zodíaco ressalta a área central que contém o ser em sua totalidade, apresentando claramente a estrutura 12 + 1 (Fig. 15). No círculo como é utilizado hoje essa área ficou reduzida ao ponto central, ponto de encontro dos doze raios (Fig. 16).

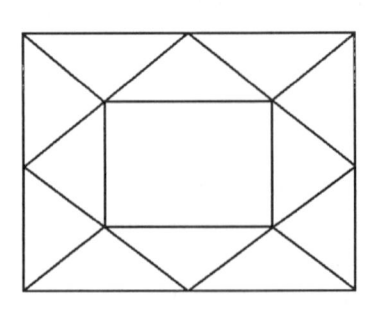

Fig. 15 - Antigo formato da representação do Zodíaco.

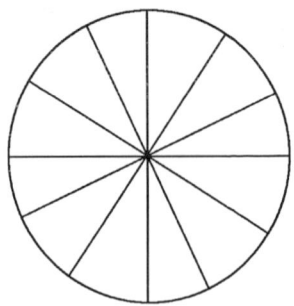

Fig. 16 - Atual representação do Zodíaco.

---

[37] Primeira Parte/4 - Os crânios de cristal e a mandala do TOGOT.

As cidades, por sua vez, eram tradicionalmente construídas à imagem do Zodíaco. Nelas, os grupos sociais eram distribuídos segundo os pontos cardeais (4 grupos de 3 tribos). Mas entre os hebreus se encontra novamente a relação 12 + 1. Na cidade-acampamento, e mais tarde no país inteiro, as tribos eram repartidas em 4 grupos de 3. Porém, a tribo sacerdotal, a de Levi, que não era contada entre as doze, não tinha lugar nos lados do quadrilátero e formava um círculo interior em torno do Tabernáculo[38]. Vê-se de novo que o aspecto de maior relevância do ponto de vista espiritual ocupa o centro, cercado pelos elementos que simbolizam as diversas formas da manifestação.

Durante os últimos milênios, o poder do número **12** (M) cresceu, enquanto o número **13** (F) foi relegado a um símbolo de má sorte. Porém, seu sentido permaneceu oculto nos mistérios das diversas escolas esotéricas. A carta número 13 do Tarô (Fig. 17), carta feminina que recebeu a figura da Morte, assusta o leigo, ao passo que o observador desperto sabe reconhecer nela a morte alquímica, ou seja, o processo de transmutação e renascimento.

Fig. 17 - Carta número 13 do Tarô.

O TOGOT promove a colaboração entre os números **12** (M) e **13** (F). Em cada Família de cartas encontramos 12 símbolos, mais 1 que sintetiza e reúne os outros 12. No espaço de leitura usado nas

---

[38]GUÉNON, René - *Os Símbolos da Ciência Sagrada* – Cap. 13 – O Zodíaco e os Pontos Cardeais.

consultas aprofundadas, temos no total 13 casas que podem ser consideradas de duas maneiras: 3 grupos de 4 casas, mais uma – a décima-terceira – que funciona como síntese da Seqüência, e 6 + 1 + 6 onde o símbolo central cumpre o papel de pano de fundo da Seqüência[39].

## O símbolo da roda

A presença do círculo em vários dos símbolos do TOGOT, e principalmente na mandala na qual esses símbolos se organizam, levou-nos a considerar com certa atenção o uso simbólico da roda e a questão, freqüentemente controvertida, da orientação de sua rotação.

A roda tem tradicionalmente uma grande variedade de significados, entre os quais o espaço em sua totalidade e o tempo em seu movimento cíclico. No que diz respeito ao espaço, e por conseguinte à forma, ela simboliza no macrocosmo o Universo que, nascido do ponto central – sede do Ser Uno "imanifesto" –, expressa a pluralidade de sua manifestação na circunferência (Fig. 18). No microcosmo, por aplicação da Lei de Correspondência, o Todo se espelha na extensão da possibilidade individual, que constitui o estado próprio ao ser humano, e se amplia a partir de seu eixo, de seu próprio "coração". No que diz respeito ao tempo, a roda pode ser vista como uma simplificação da espiral (Fig. 19), a qual expressa mais explicitamente

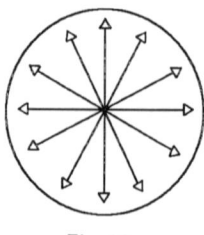

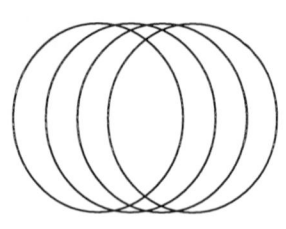

Fig. 18              Fig. 19

---

[39]Terceira Parte/1 - Posições especiais: o sétimo e o décimo-terceiro símbolos numa Seqüência de 13 cartas.

as modificações das manifestações que acompanham o desenrolar do tempo; como diz o provérbio: nunca voltamos a nos banhar no mesmo rio, e o ser que se banha nunca é exatamente o mesmo. A noção de ciclo por sua vez é sujeita a indefinidas subdivisões: pode-se imaginar que um círculo usado para representar um ciclo de grande duração contém, de fato, círculos menores que se subdividem por sua vez em círculos menores ainda, e assim por diante.

O significado de um símbolo depende de seu contexto de leitura ou seja, do plano de existência que lhe serve de referência. Vimos que a roda, quando relacionada ao macrocosmo, representa por exemplo o Todo, enquanto que no microcosmo pode representar o ser humano e, neste, o coração. No TOGOT associamos também à idéia do Todo, da Divindade, a palavra "Luz", e usamos as palavras "sombra" e "luz" para nomear as polaridades existentes no mundo manifestado (Fig. 37, página 191). No TOGOT ainda, símbolos de desenhos idênticos têm seu sentido determinado pela Família à qual pertencem[40]:

♓ significa **Respeito/Aceitação** na Família Vermelha e **Peixes** na Família Azul;

♉ corresponde a **Humildade/Sabedoria** na Família Vermelha e **Touro** na Família Azul;

☉ representa o **Sol** na Família Branca e **Unidade além da Individualidade** na Família Azul;

○ corresponde a **Amor/Serenidade** na Família Vermelha e **Entrega** na Família Amarela.

O significado de um símbolo é também influenciado por sua orientação espacial[41]. A orientação cardeal é a mais usada para mapas e mandalas e se apresenta freqüentemente como nas figuras 20 e 21. A diferença na localização dos pontos cardeais vem da orientação "polar" da primeira roda e "solar" da segunda. A figura 20 mostra um sentido de rotação no qual um observador olhando na direção

---

[40] Terceira Parte/1 - Símbolos com desenhos iguais em Famílias diferentes.

[41] GUÉNON, René - *Os Símbolos da Ciência Sagrada*.

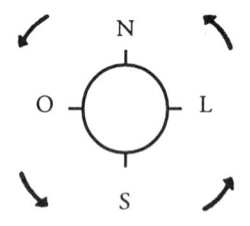

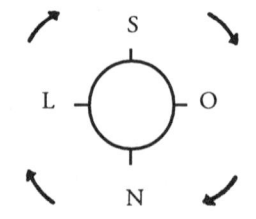

Fig. 20 - Orientação espacial "Polar".   Fig. 21 - Orientação espacial "Solar".

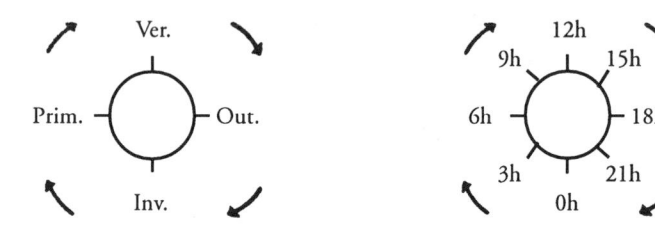

Fig. 22 - Orientações temporais.

do Norte vê as estrelas girarem em torno do pólo. A figura 21 descreve o movimento aparente do sol acompanhado por um observador do hemisfério Norte que olhe em direção ao Sul[42]. Na representação cíclica do tempo, como por exemplo na seqüência das estações e das 24 horas de um dia, os pontos cardeais ganham conotações qualitativas decorrentes dos vários graus de combinação possível entre as energias representadas pelos pólos do eixo vertical: calor e frio, sombra e luz (Fig. 22).

De outro ponto de vista ainda, o movimento horário pode ser associado à entrada no plano da matéria, à concretização, e desse modo estar ligado ao processo de "descida", de afastamento em relação à Unidade. Paralelamente, o movimento anti-horário pode expressar

---

[42]GUÉNON, René - *A Grande Tríade*. Cap. V – A dupla espiral. Cap. VII – Questões de orientação. O entido anti-horário (com o Norte em cima) é mais usado na tradição islâmica e nas culturas ocidentais, e o sentido horário (com o Sul em cima) nas tradições hindus, tibetanas e chinesas. Ver do mesmo autor *Os Símbolos da Ciência Sagrada* – Capítulo 35 – *As portas solsticiais*.

uma saída do plano da matéria, uma sutilização, e como tal retratar o processo de "subida", de volta à Unidade.

O sentido de rotação da suástica[43] (Fig. 23 e 24), símbolo diretamente ligado à roda, levanta uma questão suplementar. Existem duas maneiras de entender a direção de sua rotação segundo que a impulsão é atribuída à ponta dos braços (Fig. 25) ou aos cotovelos (Fig. 26).

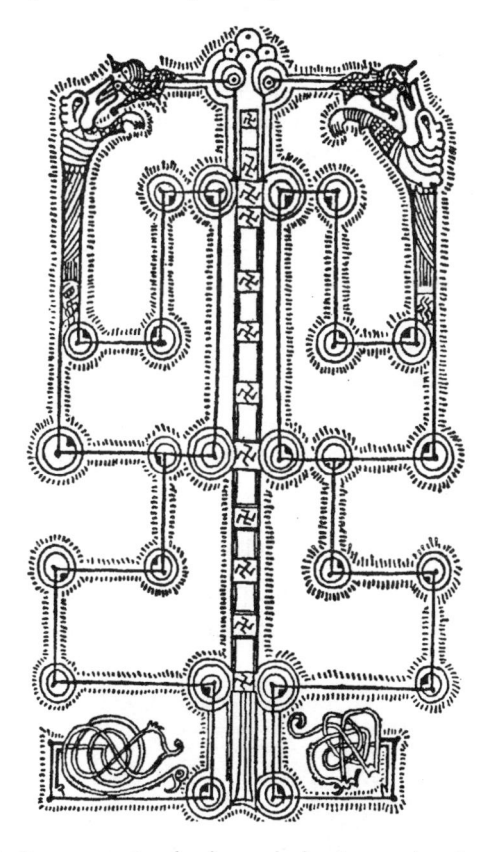

Fig. 23 - Representação celta do par de dragões envolvendo a árvore do Universo. No tronco que representa o eixo do Mundo, a cruz suástica indica o movimento celeste. Miniatura do século VIII presente nas "Cartas de São Paulo desde Northumberland", documento conservado na Biblioteca da Universidade de Würzburg.

---

[43] É necessário lembrar que, antes de ser usada por Hitler, a suástica pertencia ao patrimônio sagrado de várias tradições, em particular na Índia e entre os celtas.

Fig. 24 - Dorje cruzado lamaico, símbolo de equilíbrio, imutabilidade e poder onipresente.

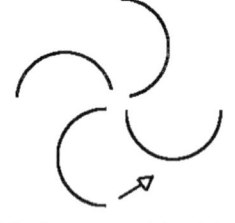

Fig. 25 - Rotação anti-horária determinada pela ponta dos braços.

Fig. 26 - Rotação horária determinada pelos cotovelos.

Ao observar a imagem de nossa Galáxia em movimento (Fig. 27), optamos, no contexto do TOGOT, pelo cotovelo como indicador da direção de rotação. Essa questão encontra-se aprofundada na Primeira

Fig. 27 - Nossa Galáxia com seus braços espiralados (rotação determinada pelos cotovelos).

Parte/4[44]. Na suástica, na ausência da circunferência que representa a manifestação, é o centro que é ressaltado[45].

Uma vez esclarecida a questão da orientação da roda, resta considerar o que a faz se mover. O símbolo da roda, enquanto representação do universo manifestado, expressa um movimento cuja impulsão é dada pelo *Fiat Lux*. O que faz a roda girar é a pulsação do "coração" do universo, do centro de onde toda manifestação provém e para onde ela retorna. No microcosmo onde a roda representa o ser humano, ou melhor, o ser humano em busca da realização de seu potencial, o movimento também provém de algo que ocorre em seu centro ou seja, em seu "coração". O que faz então a roda girar? De fato, é mais fácil encontrarmos a resposta se a pergunta for invertida: o que impede a roda de girar, o que detém o ser humano no caminho de seu aprimoramento? Ignorância, medo, apego, ressentimento são alguns dos fatores dessa paralisação. Busca de conhecimento, coragem, desapego e perdão são alguns dos propulsores da roda. Os oráculos, se usados de maneira apropriada, podem colaborar à ampliação do conhecimento e encorajar a abrir mão do que não serve mais. O perdão, já antes mencionado, desata muitos dos nós que prendem ao passado e à perpetuação do sofrimento; ele abre um espaço para experiências novas e, principalmente, para uma nova maneira de vivenciar as experiências, sejam elas penosas ou agradáveis. No *Mahabharata* está escrito:

"Deve-se perdoar, qualquer que seja o insulto. Foi dito que a continuação da espécie se deve à capacidade que o homem tem de perdoar. Perdão é santidade. Graças ao perdão, o universo é mantido íntegro. O perdão é o poder do poderoso. O perdão é sacrifício. O perdão é quietude da mente. O perdão e a gentileza são as qualidades de quem é dono do próprio Ser. Eles representam a virtude eterna".

---

[44]Primeira Parte/4 - Os crânios de cristal e a mandala do TOGOT.

[45]É o que vemos no símbolo ꒰꒱ (Centro da Galáxia) presente na Família Branca do TOGOT.

## A tradição *Huna* dos antigos polinésios

*Huna*, palavra que significa "segredo" na língua do antigo Havaí[46], refere-se a uma sabedoria que conserva conhecimentos teóricos e práticos sobre a constituição e o funcionamento energéticos do ser humano[47]. Sua aplicação prática permite, em particular, solucionar problemas existentes em nossas vidas e construir o futuro que desejamos, sempre evitando prejudicar quem quer que seja. Sacerdotes e curadores, os *Kahunas* são, literalmente, os Guardiães do Segredo.

Sentimos afinidade com várias de suas concepções tais como os três *eus* e o cordão *aka*.

Segundo a *Huna*, o ser humano é composto de um "eu básico", um "eu médio" e um "Eu Superior". O eu básico é dotado de memória, de uma forma elementar de raciocínio e produz todas as emoções; é ele o responsável pela comunicação com o Eu Superior. O eu médio é dotado de amplo poder de raciocínio mas não possui memória alguma; ele se comunica com o eu básico; pode dar início aos processos voluntários de transformação da realidade. O Eu Superior conhece o passado, o presente e a parte cristalizada do futuro; é ligado aos outros Eus Superiores e tem o poder de criar a realidade do ser humano a partir do material que lhe é transmitido pelo eu básico deste (pensamentos, em forma de imagens, e energias que podem assumir diversas formas e que têm por objetivo obter seu apoio).

Ao longo dos dias - e dos anos - o eu médio manda quantidade de mensagens contraditórias ao eu básico: idéias e vontades originárias do meio familiar e social, idéias elaboradas a partir de intuições

---

[46]Gostaríamos de apontar a coincidência com a palavra *Runa* (o antigo alfabeto nórdico usado como oráculo). A palavra gótica *Runa* significa "sussurro secreto" e a palavra nórdica *Run*, "segredo".

[47]FREEDOM LONG, Max - *Milagres da Ciência Secreta – Desvendando a tradição Huna dos antigos polinésios*. Neste livro o autor insiste principalmente nos conhecimentos de magia dos quais os *Kahunas* fazem uso na vida cotidiana.

Entendemos que, por trás desses conhecimentos ligados ao mundo sutil ainda muito próximo do mundo material, os *Kahunas* provavelmente mantêm resguardados outros conhecimentos, ligados ao mundo espiritual.

genuínas, vontades nascidas no centro do próprio ser. Além disso, ele falha freqüentemente na tentativa de explicar racionalmente os medos e outros "fantasmas" criados pelo eu básico. O desencontro entre eu básico e eu médio é alimentado continuamente. Só resta ao Eu Superior tecer uma realidade que reflita esses desencontros. Além disso, os sentimentos destrutivos alimentados pelo eu básico perturbam sua comunicação com o Eu Superior, impedindo-o de criar o futuro desejado. Como se pode ver, o relacionamento entre esses três *eus* nem sempre é dos mais fluidos e harmoniosos!

Segundo a sabedoria dos *Kahunas*, se quisermos modificar nossa realidade precisamos adotar atitudes que provem aos nossos eu básico e Eu Superior nossa real vontade de mudar. Definição e seleção de objetivos, limpeza do campo emocional, aumento da energia vital, disciplina, repetição, relaxamento, visualização e "sacrifício" são, basicamente, os recursos mobilizados para esse fim.

Várias abordagens terapêuticas modernas se apoiam numa concepção similar. Chamou nossa atenção a coincidência quase total entre a conduta dos *Kahunas* na construção da realidade e o método de tratamento do câncer apresentado pelos autores do livro *Com a Vida de Novo*[48].

Quanto ao cordão *aka*[49], trata-se de um feixe de energia sutil "pegajosa" que liga o eu básico e o Eu Superior de um ser humano, assim como todos os seres que estiveram em contato no decorrer de uma encarnação. Tivemos a experiência desse "cordão" quando começamos a trabalhar à distância com os 7 potinhos de cerâmica do início de nossa pesquisa. Compartilhamos com muitas culturas a sensação de que a vida é uma rede tecida continuamente e onde tudo se relaciona.

Nossas investigações do funcionamento do ser humano no plano sutil levaram-nos a aproximar a visão dos *Kahunas* à concepção da pluralidade do "eu" apresentada por G. I. Gurdjieff[50]. Segundo ele,

---

[48] SIMONTON, O. Carl; MATTEWS-SIMONTON, Stephanie; CREIGHTON, James L. - *Com a Vida de Novo*.

[49] Para todos os conceitos relativos à *Huna* ver: FREEDOM LONG, Max - *Milagres da Ciência Secreta – Desvendando a tradição Huna dos antigos polinésios*.

[50] OUSPENSKY, P.D. - *Fragmentos de um Ensinamento Desconhecido*.

uma quantidade de pequenos *eus*, nascidos sob a pressão das influências externas, brigam incessantemente entre si para assumir o comando da personalidade.

Propomos aqui conceber o ser humano como a reunião dos 3 *eus* dos *Kahunas*, porém sendo o eu básico – que chamaremos de ego – composto de vários pequenos *eus* (Fig. 28).

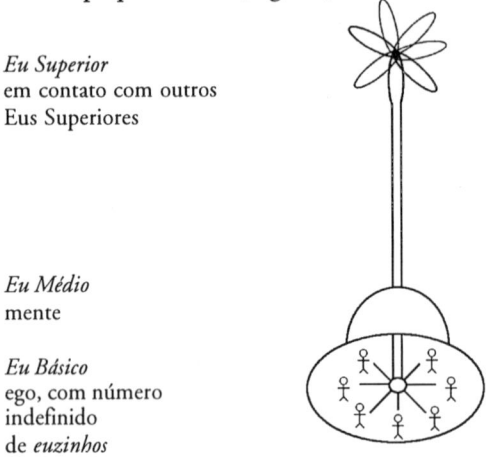

*Eu Superior*
em contato com outros
Eus Superiores

*Eu Médio*
mente

*Eu Básico*
ego, com número
indefinido
de *euzinhos*

Fig. 28 - Representação simbólica dos vários *eus* e dos *euzinhos*.

Cada *euzinho* administra uma série de "moldes" formados principalmente a partir das influências do mundo externo, no decorrer da infância. Mais raros costumam ser aqueles formados por crenças que se desenvolveram no íntimo do ser; alguns podem provir de vidas anteriores. Nesses "moldes", encaixam-se as crenças e emoções que dão forma às reações e decisões expressas pelo ser humano ao longo de sua vida. Um sistema de "filtros" entre o eu médio e o eu básico permite que novas referências não venham substituir as referências antigas antes que estas tenham cumprido seu papel no processo de aprimoramento do ser[51].

Esse ponto de vista ajuda a entender o que parece ser uma característica do ser humano ou seja, a capacidade de auto-sabotagem; a

---

[51] Primeira Parte/4 - O BARDDAS e o conhecimento sagrado dos Druidas.

dificuldade enorme de mudar mesmo quando está consciente que desapegar-se de uma forma antiga de ser é necessário, desejável, as vezes até mesmo vital. Percebemos também que o ser humano é seu próprio campo de batalha: as verdadeiras lutas se travam dentro dele e contra certos aspectos de si mesmo.

## Os crânios de cristal e a mandala do TOGOT

A maneira como o livro *Mistérios dos Crânios de Cristal Revelados* apareceu em nosso caminho nos motivou a prosseguir numa leitura que, ao menos aparentemente, não tinha relação com os assuntos de nosso interesse.

Os crânios de cristal são artefatos – vários deles encontrados em antigas tumbas da América Central – cuja fabricação e significado permanecem envoltos em profundo mistério. Segundo os autores do livro, cada crânio seria um tipo de computador contendo enorme quantidade de informações sobre a evolução do universo, inclusive nossa história passada e futura, e com a capacidade de interagir com os humanos em determinadas situações[52].

Alguns dos pesquisadores envolvidos com os crânios de cristal acreditam na existência de 13 deles, réplicas aproximadas do crânio humano em tamanho e forma; eles os imaginam ligados a atividades extraterrestres e a uma sociedade que poderia existir (ou ter existido) dentro da Terra e nos oceanos. Reunidos numa mandala esses crânios formariam uma verdadeira "central de conhecimentos" a serviço da Humanidade.

Muitas são as histórias extraordinárias que acompanham esses objetos, porém, no contexto do TOGOT, retemos apenas a coincidência entre a estrutura 12 + 1 segundo a qual os crânios de cristal

---

[52] HAMPÂTÉ BÂ, Amadou - *Contes Initiatiques Peuls* – "Em tradições bambaras e peuls o crânio é considerado como agente receptor das forças celestes e, entre todos os crânios, o do homem é visto como o melhor agente para a recepção e a transmissão dessas forças. Os tradicionalistas Peuls do Djêri (Senegal) conhecem um rito de invocação do crânio que permite predizer o futuro".

estão supostamente organizados (Fig. 29) e aquela, idêntica, de cada Família do TOGOT.

Na mandala que ilustra o verso das cartas do TOGOT, os 4 símbolos de número 13, superpostos, ocupam o centro e, em volta, os 12 símbolos restantes de cada Família formam 12 braços (Fig. 30).

Fig. 29 - Mandala dos treze Crânios de Cristal, segundo Michael Kant.

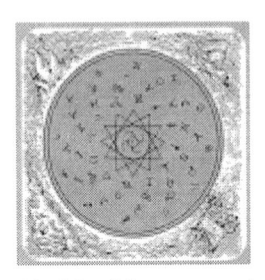

Fig. 30 - Mandala representada no verso das cartas do TOGOT.

Para os 4 símbolos superpostos no centro, escolhemos um movimento giratório no sentido horário, e um no sentido anti-horário para os 12 braços [53].

Os braços, por serem periféricos, estão associados ao plano da matéria e sua rotação anti-horária indica o esforço que o ser humano faz para voltar a se unir à Luz, para se elevar do profano ao sagrado. Os 4 símbolos centrais, por estarem num plano acima dos outros símbolos, representam a Luz. Sua rotação horária expressa uma descida do sagrado ao plano da manifestação, a Luz vindo ao encontro do ser humano. Em função de seus respectivos "pesos", o movimento natural da matéria é "descer", e o da Luz é "subir". Porém, em seu anseio de reencontrar a Unidade, o ser humano volta seus passos em direção à Luz, e a Luz responde a seu chamado. Os hexagramas número 11 e 12 do I Ching ilustram esses movimentos. No hexagrama número 12, a Terra e o Céu ocupam respectivamente seu lugar natural e, em função de sua tendência, afastam-se um do outro, levando à Estagnação. No hexagrama número 11, o Céu e a Terra vão ao encontro um do outro, trazendo assim a Paz (Fig. 31).

---

[53] Primeira Parte/4 - O símbolo da roda.

```
12 - Estagnação              11 - Paz
_____                     _____
_____  ↑                  ___  ___  ↓
___  ___  ↓                  _____  ↑
```

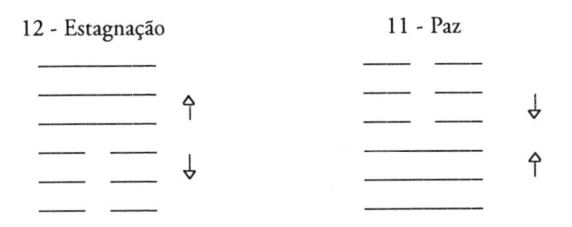

Fig. 31 - Os hexagramas 11 e 12 do I Ching.

Para a mandala que reúne os 52 símbolos do TOGOT, nossa escolha foi guiada portanto pela observação pragmática do relógio, cujos passos acompanham a concretização das intenções, pelas indicações de Jean CHEVALIER e Alain GHEERBRANT, no *Dictionnaire des Symboles*, a respeito da *suastika*, pela observação de nossa Galáxia com os cotovelos de seus braços marcando a direção de sua rotação, e pela observação dos hexagramas 11 e 12 do I Ching.

## 5 -RESUMINDO: ALGUNS PRINCÍPIOS DE REFERÊNCIA

Esses princípios expressam nosso entendimento – particular e atual – do mundo e formam a trama do TOGOT.

- O macrocosmo e o microcosmo espelham-se mutuamente (Lei da Correspondência).
- A Unidade Primordial é tanto um ponto de partida quanto um ponto de chegada.
- Ciclicamente, como numa respiração, o mundo manifestado é criado, com vários níveis de realidade, e com ele o tempo contingente e o espaço.
- Dentro da sucessão dos ciclos de tempo, momentos de extremo afastamento da Unidade são inevitáveis. Esses períodos são chamados pelos Hindus de *Kali Yuga* e é num período desse tipo que a Humanidade se encontra atualmente.
- Esse período tem características que decorrem do afastamento da Unidade Primordial:

- a inversão dos valores e da Ordem Natural;
- a "consagração" do profano e a "profanação" do sagrado;
- a valorização da quantidade e da aparência em detrimento da qualidade e da essência;
- a submissão dos seres humanos aos estados condicionados;
- a exacerbação da luta entre pontos de vista diferentes;
- o desrespeito à vida chegando a colocar em risco a sobrevida da Humanidade e de muitas espécies.

- A trajetória entre a saída da Unidade e a volta à Unidade propicia e exige o conhecimento completo de todas as formas de existência, de toda sombra e de toda luz, para que seja alcançada a maestria sobre elas.
- Sucessivas encarnações permitem que esse percurso seja realizado, cada novo nascimento sendo acompanhado, em geral, pelo esquecimento total ou parcial das experiências anteriores.
- O discernimento, o desapego, o perdão, etc., oferecem a possibilidade de caminhar rumo à Unidade; o julgamento, o apego, o ressentimento, etc., promovem a separação e detêm o caminho de volta à Unidade.
- Por estarmos num *Kali Yuga*, estamos sujeitos às suas características, individual e coletivamente, e inevitavelmente. Parece sensato portanto optarmos, cada vez que for possível, por atitudes construtivas, como por exemplo:
    - o reconhecimento da importância tanto da sombra quanto da luz no processo de aprimoramento individual e coletivo: o que invalida o julgamento e propicia a integração das experiências, a realização do potencial humano, a maestria sobre os estados condicionados e a possibilidade de ultrapassá-los;
    - o reconhecimento do papel de cada um no processo coletivo, e do momento em que cada um se encontra em seu próprio caminho, na medida em que as coisas, quaisquer que sejam, só podem existir enquanto elementos da Ordem Total e Universal: o que abre espaço à aceitação e ao respeito das diferenças;

- o reconhecimento de quão difícil é trilhar o caminho da existência, para todos: o que leva ao perdão e à compaixão;
- a lembrança que sempre podemos fazer algo em nosso próprio benefício e em favor de todas as formas de vida, como preces, exercícios - mesmo que curtos - de meditação, respiração[54] e centramento, e principalmente colocar em prática, aos poucos, os entendimentos que alcançamos.
- A mente é, ao mesmo tempo, um poderoso instrumento e uma armadilha para o aprimoramento espiritual.
- Entre todos os *chakras*, o *chakra* do coração (*anahata*, em sânscrito) é aquele que possui o elo mais íntimo com os planos superiores. É o ponto dentro do ser humano onde ressoa a Palavra Divina (ou Som Cósmico, também anahata, em sânscrito) e a partir do qual essa Palavra pode ser experimentada[55].
- Os processos de eliminação e limpeza, em todos os planos, criam o vazio necessário à implantação de uma nova realidade e colaboram para atrair as circunstâncias favoráveis à realidade desejada:
  - no plano físico, podemos aplicar o princípio da limpeza em nosso corpo, nossos comportamentos e atividades, o uso que fazemos do tempo, o meio imediato e distante onde vivemos. Um cuidado paralelo é requerido pelo plano etérico.
  - no plano emocional, a limpeza é assegurada principalmente pela compreensão e pelo perdão.
  - no plano mental, a revisão das crenças a partir de um novo patamar de compreensão permite a liberação daquelas que não servem mais.
  - como no plano espiritual a realização se dá através da inteligência intuitiva, o processo de limpeza aqui é substituído pelo processo de ampliação e aprofundamento do conheci-

---

[54] Terceira Parte/8 – Exercício de respiração da tradição budista tibetana.
[55] CHEVALIER, Jean – GHEERBRANT, Alain – *Dictionnaire des Symboles* -Em praticamente todas as tradições o coração é a sede da inteligência e da intuição (inteligência intuitiva).

mento imediato, o que pode ocorrer a partir do trabalho efetuado nos três planos mencionados anteriormente.
- O presente é a oportunidade de usar adequadamente as experiências do passado, de integrar o conhecimento adquirido tanto na sombra quanto na luz, de se ligar à Fonte no momento preciso da experiência e de participar à criação do melhor dos futuros possíveis.
- O passado é o grande reservatório das experiências, em todos os planos.
- O futuro resulta do encontro entre as escolhas do passado e do presente de cada ser humano e de seus companheiros de viagem, e as Leis Universais.
- Para que a Luz seja realizada sobre a Terra, o papel dos que atingiram a iluminação é de extrema importância, principalmente daqueles que, uma vez obtida a libertação em seu benefício, permanecem ou voltam à Terra para apoiar o processo de amadurecimento espiritual de todos os seres. O comprometimento de um número cada vez maior de seres humanos com seu próprio aprimoramento e com a vida é por sua vez indispensável.
- Quanto maior o número de pessoas com a mesma visão do futuro, maior a possibilidade de concretizar o futuro desejado. Uma certa massa crítica faz a diferença.

## 6 · COMPOSIÇÃO

O TOGOT é composto por 4 Famílias de 13 símbolos, estrutura que possibilita um duplo exercício de integração: na horizontal, entre os 13 símbolos de cada Família, e na vertical, entre as 4 Famílias ou planos de existência (Fig. 32)[56].

---

[56]Na Primeira Parte/4 – Os números 12 e 13 – A integração das energias masculinas e femininas –, vimos que, assim como o Cristo na Última Ceia reúne em si o conhecimento e a experiência dos 12 apóstolos (ou 12 signos do zodíaco), o décimo-terceiro elemento de cada Família reúne em si os 12 outros.

Plano espiritual
(Família Amarela)

Plano mental
(Família Azul)

Plano emocional
(Família Branca)

Plano físico/etérico
(Família Vermelha)

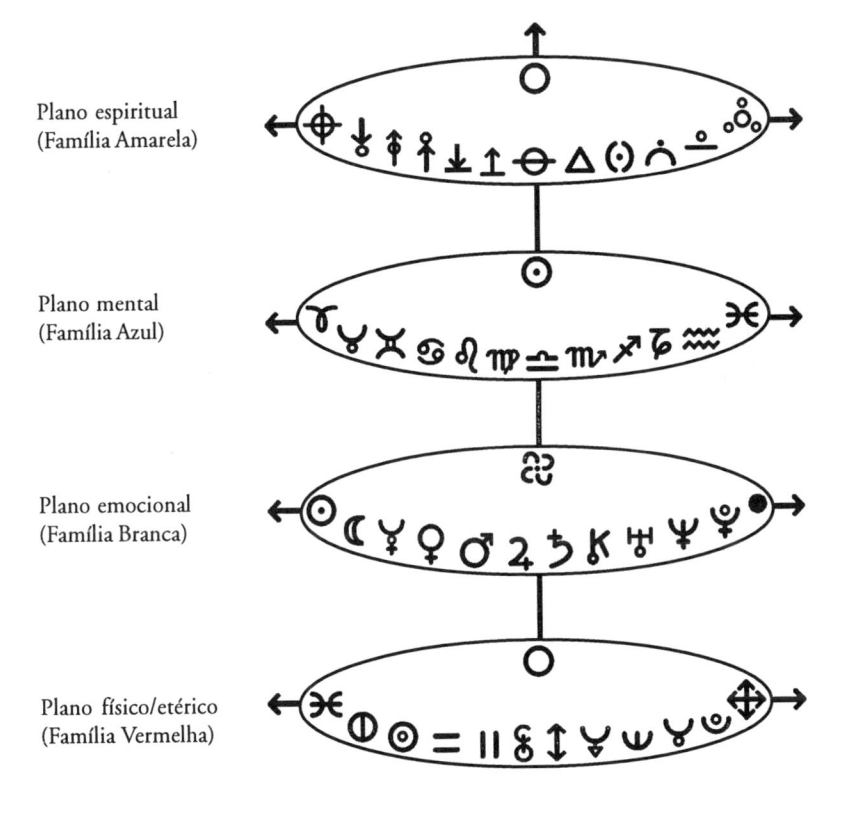

Fig. 32

## Símbolos da Família Vermelha

A Família Vermelha, ou Família da Experiência, relaciona-se com a primeira dimensão, o elemento terra, o mundo da matéria e das sensações. Nesse plano de realidade encontram-se as condições necessárias às experiências próprias à encarnação.

No microcosmo, essa família representa os corpos físico e etérico do ser humano; no macrocosmo, o ser humano no planeta Terra.

No espaço de leitura do TOGOT, ela ocupa o lugar dos **Desafios**.

Os símbolos da Família Vermelha expressam valores humanos fundamentais, sendo o décimo-terceiro (Amor/Serenidade) a ligação com a Fonte Divina e a abertura sobre o Amor incondicional.

- ♓ Respeito/Aceitação
- ☿ Compreensão
- ☉ Perdão
- = Paciência/Perseverança
- ‖ Quietude
- ⚭ Equilíbrio/Harmonia
- ⚓ Confiança/Fé
- ♈ Força/Coragem/Poder
- ♏ Responsabilidade/Generosidade
- ♉ Humildade/Sabedoria
- ♋ Saber estar só/Compaixão
- ✛ Vigilância/Determinação
- ○ Amor/Serenidade

## Símbolos da Família Branca

A Família Branca, ou Família da Maestria, relaciona-se com a segunda dimensão, o elemento água e o mundo das emoções.

No microcosmo, essa família representa o corpo emocional; no macrocosmo, o sistema solar.

No espaço de leitura, ela ocupa o lugar reservado às **Ferramentas**.

Por ser o eixo do sistema solar e uma imagem do Centro Primordial, o Centro da Galáxia veio ocupar o décimo-terceiro lugar desta Família.

- ☉ Sol
- ☾ Lua
- ☿ Mercúrio

♀ Vênus
♂ Marte
♃ Júpiter
♄ Saturno
⚷ Kiron
♅ Urano
♆ Netuno
♇ Plutão
● Novo Planeta
☊ Centro da Galáxia

## Símbolos da Família Azul

Relativa à terceira dimensão e ao elemento ar, a Família Azul representa o mundo mental. Ao longo das encarnações, toma-se consciência do mundo por meio do olhar particular de cada signo do Zodíaco.

Consciência é o nome dessa Família que representa o corpo mental no microcosmo, a Galáxia no macrocosmo e que, no espaço de leitura, ocupa o lugar dos **Procedimentos**.

Seu décimo-terceiro elemento indica a mudança de plano permitida pela integração (horizontal), na própria Família, dos 12 aspectos que sintetizam a individualidade[57] e pela integração (vertical) das três Famílias (Vermelha, Branca e Azul) que representam sinteticamente a variedade dos estados humanos que devem ser realizados antes que se possa atingir o plano espiritual (Família Amarela).

---

[57]Primeira Parte/4 – Os números 12 e 13 – A integração das energias masculinas e femininas.

♈ Áries
♉ Touro
♊ Gêmeos
♋ Câncer
♌ Leão
♍ Virgem
♎ Libra
♏ Escorpião
♐ Sagitário
♑ Capricórnio
♒ Aquário
♓ Peixes
☉ Unidade além da individualidade

## Símbolos da Família Amarela

A Família Amarela, ou Família da Luz, diz respeito à quarta dimensão e ao elemento fogo e sintetiza o mundo espiritual. Origina-se de uma invocação à Luz criada no decorrer da pesquisa[58].

No microcosmo, representa o corpo espiritual e no macrocosmo, o Ser Uno, a misteriosa totalidade. No espaço de leitura ela ocupa o lugar do **Propósito**.

O décimo-terceiro símbolo diz respeito ao necessário processo de entrega ao plano divino que se realiza na transmutação do ego e que conduz além dos estados condicionados.

---

[58] Primeira Parte/3 - A pesquisa.

- ⊕ Consciência
- ↯ Poder Interior
- ⚦ Vontade
- ↑ Clareza
- ↓ Realização
- ⊥ Aprimoramento
- ⊖ Agilidade/Flexibilidade
- △ Firmeza
- ⊙ Governo
- ⌒ Colaboração
- ⊥ Encontros
- ₀⊙₀ Serviço
- ○ Entrega

## Segunda Parte
# OS SÍMBOLOS E SEU SIGNIFICADO

# 1 - Textos dos símbolos da Família Vermelha (VR)

## RESPEITO · ACEITAÇÃO

Respeito, em cada ser, a sombra e a luz pois pressinto em cada um a presença divina. Nas diferenças, vejo riquezas. Respeito o Universo e suas Leis. Aceito o tempo, a matéria e as experiências com suas polaridades. Sei que preciso conhecer e dominar as diversas energias na sombra e na luz para atingir a sabedoria. Respeito as condições do presente e aceito o que não pode ser mudado. Aceito minhas particularidades, meu momento, meu caminho. Aceito-me exatamente como sou. Aceito os outros com suas particularidades, seu momento, seu caminho. Aceito-os exatamente como são. Mudo, em mim, o que preciso mudar.

Respeito o diferente, antes mesmo de entendê-lo. Respeito cada ser, começando por mim. Respeito cada reino da natureza. Respeito e preservo a vida na sua diversidade. Aceito o passado e observo as lições que ele contém. Aceito o presente como resultado das escolhas do passado, como meio de experimentar energias que ainda não conheço e de me aprimorar. Faço agora, da melhor maneira, o que me cabe fazer. Crio as condições necessárias para que o presente produza um futuro em harmonia com meu Propósito e colabore com o caminhar da Humanidade ao encontro da Unidade. A tolerância traz serenidade e prosperidade a meus relacionamentos.

**Vivo, integro e deixo ir a *sombra* do desafio** ♓

- Vivo reclamando de tudo
- Revolto-me contra meu presente, contra as dificuldades
- Nego meu corpo, minhas qualidades, minhas limitações
- Culpo o passado, e as outras pessoas, pelas dificuldades de hoje
- Revolto-me em vão contra coisas que não posso mudar
- Resigno-me frente às dificuldades, tornando-me amargo ou acomodado

- Desisto de trabalhar a favor do que quero e posso mudar
- Perpetuo situações de sofrimento
- Alimento minhas fraquezas e as dos outros
- Alimento medos e preocupações
- Desconheço o funcionamento da vida e agrido-a
- Desprezo, *a priori*, o que não conheço e o que não entendo
- Rejeito os outros e sou rejeitado por eles
- Faço qualquer coisa para ser aceito pela sociedade
- Crio expectativas a respeito do comportamento alheio
- Imponho meu modelo aos outros
- Não suporto ser contrariado
- Procuro controlar meu destino e o destino alheio
- Invado e manipulo a vida alheia

VR 1

**Venço, na *luz*, o desafio** ♓

- Agradeço cada sombra, luz, diferença, desafio e revolta
- Acolho em mim a sombra e a luz, pois estou amparado por minha essência divina
- Respeito nos outros a sombra e a luz, pois pressinto sua essência divina
- Observo as Leis que regem o Universo e aprendo com a natureza
- Respeito a vida em todas as suas formas
- Respeito o desconhecido, o diferente
- Abandono preconceitos e julgamentos
- Vejo as polaridades em sua relação dinâmica
- Respeito em cada ser suas qualidades e limitações
- Reconheço meu poder e o poder de cada ser
- Atraio o que preciso vivenciar
- Vejo o passado como reservatório de saber
- Aceito o presente como ele é
- Aceito o que não pode ser mudado
- Mudo, em mim, o que preciso mudar
- Recolho-me em momentos de adversidade
- Atendo aos sinais do Universo
- Começo, agora, a construir conscientemente o meu futuro

## COMPREENSÃO

A essência aparece sob infinitas formas. Observo as coisas e os acontecimentos de pontos de vista diferentes, até a Unidade aparecer. Dissolvo as fronteiras. Compreendo com o coração. Transmuto todo julgamento em amor. Vivo minhas experiências e, em cada uma, descubro uma mensagem que me ajuda a ter clareza de meu Propósito e a dar, agora, o melhor passo em sua direção. Aprofundo meus conhecimentos.

Percebo além do véu da matéria, além das idéias e conceitos que adquiri e elaborei. Reflito com atenção e sinceridade sobre minhas experiências. Escuto os outros; quando é possível, dialogo com eles abertamente. Compreendo que não preciso mais repetir as experiências penosas que já conheço. Compreendo que posso rever minhas crenças; libertar-me dos ressentimentos e culpas; lidar com as dificuldades de maneira construtiva; e usar meus talentos e qualidades em favor da vida. Sei que posso criar um futuro em sintonia com meu Propósito. Compreendo que o poder de transmutar e integrar está dentro de mim. Compreendo, com o coração, as Leis que regem o Universo.

**Vivo, integro e deixo ir a *sombra* do desafio**

- Acho que sei tudo, que posso tudo
- Julgo tudo e todos a partir de idéias preconcebidas
- Ignoro meus sentidos, sentimentos, conhecimentos e intuições
- Percebo as coisas parcialmente, superficialmente
- Me recuso a considerar e a acolher a sombra
- Dou excessivo valor às aparências ou às construções mentais
- Busco satisfações e soluções imediatas
- Tiro conclusões precipitadas
- Temo abrir mão de minhas referências
- Fecho-me para o mundo e escondo sempre minha autenticidade
- Não distingo entre o que é meu e o que é influência do meio

- Não assimilo os ensinamentos de minhas experiências
- Recuso-me a rever minhas crenças
- Reproduzo, sem questioná-las, as idéias vigentes
- Não percebo que recebo de volta a energia dos meus julgamentos
- Busco ensinamentos unicamente fora de mim
- Não consigo trocar informações
- Desprezo as experiências e os conhecimentos alheios

**Venço, na *luz*, o desafio** ⦿

- Agradeço cada preconceito, dogma, enigma e dúvida
- Uso toda minha atenção, todo meu discernimento
- Uso meus sentidos, minha memória, inteligência e intuição
- Vejo as coisas de vários pontos de vista
- Elimino preconceitos e julgamentos
- Dissolvo as fronteiras e amplio meus horizontes
- Lembro que cada ser, assim como eu, precisa viver a sombra e a luz
- Reconheço a essência além das aparências
- Identifico as Leis do Universo observando o macro e o microcosmo
- Entendo a mensagem contida em cada coisa que me acontece
- Reconsidero as crenças adquiridas
- Assimilo minhas experiências internas e externas
- Acolho a sombra e a luz para poder integrá-las
- Identifico o que está em consonância com meu coração
- Descubro o mestre dentro de mim
- Vivo, cada vez mais, de acordo com minha compreensão
- Abro espaço para o novo, o desconhecido
- Escuto os outros e troco idéias com eles

VR 2

## PERDÃO

Perdôo a mim mesmo e aos outros quantas vezes forem necessárias e qualquer que seja a ofensa. Volto a acolher aqueles que bani de meu coração. A compreensão, nascida da experiência, alimenta a memória do sábio. No passado encontro lições. No presente aceito, escolho e ajo. Renasço e me modifico a cada instante. Só posso viver plenamente o presente, e criar o futuro que quero, após ter me libertado dos sentimentos negativos que me prendem ao passado. Cada vez que abro mão de uma culpa, mágoa, raiva, ou ressentimento, dou um passo em direção à Unidade.

Assim como cada um dos meus companheiros de viagem, encarnei ao longo do tempo para conhecer e dominar todos os tipos de energia. Aprendo a lidar com as polaridades, com a sombra e com a luz. Acolho-as em cada experiência. Para prosseguir no caminho do aprendizado, reconsidero minhas crenças, pois são os alicerces de minhas ações. Liberto-me dos meus ressentimentos e culpas visualizando coisas boas acontecendo àqueles que me magoaram e procurando o perdão daqueles que magoei. Na hora de deixar essa encarnação, escolho quais sentimentos quero levar comigo; faço essa avaliação a cada momento. A cada instante, desapego-me do passado.

### Vivo, integro e deixo ir a *sombra* do desafio ◎

- Não reconheço meus processos destrutivos
- Carrego memórias, conscientes ou não, cheias de negatividade
- Vivo atormentado por sentimentos e pensamentos destrutivos
- Valorizo a competição, a agressividade, a vingança
- Mantenho os antigos padrões negativos com rigidez
- Repito no presente os sofrimentos do passado
- Atraio sistematicamente as mesmas situações de sofrimento
- Não consigo me proteger, não consigo confiar na Luz
- Desenvolvo e alimento doenças e dificuldades

- Responsabilizo os outros por minhas dificuldades e tenho pena de mim
- Faço aos outros o mal que me foi feito
- Reforço, nos outros, atitudes, sentimentos e pensamentos destrutivos
- Acredito que não se pode mudar a realidade
- Estou disposto a perdoar certas pessoas e certas coisas, outras não
- Tenho medo dos sentimentos que podem surgir caso eu perdoe
- Afasto-me das pessoas à menor dificuldade

**Venço, na *luz*, o desafio** ◉

VR 3

- Agradeço cada sentimento destrutivo e bloqueio emocional
- Considero que, ao longo das encarnações, experimentamos tudo
- Entendo cada acontecimento como parte do aprimoramento
- Perdôo a mim mesmo e aos outros
- Perdôo quantas vezes forem necessárias
- Perdôo qualquer que seja a ofensa
- Perdôo aqueles que me magoaram, nessa e nas outras vidas
- Peço perdão àqueles que magoei, nessa e nas outras vidas
- Afasto-me das situações destrutivas, se for necessário e possível
- Protejo-me com a ajuda da luz, do amor, da compaixão e do perdão
- Uso o passado de maneira construtiva
- Libero o que me prende ao passado
- Encontro paz em relação a todas as minhas memórias
- Crio condição para modificar a realidade a partir de minha essência
- Torno-me livre para criar um novo presente
- Torno-me livre para criar o futuro em harmonia com o meu Propósito

## PACIÊNCIA · PERSEVERANÇA

Busco, num esforço constante, a ampliação de minha consciência e a necessária modificação dos aspectos negativos de meu ser. Aprimoro meus objetivos à medida que minha compreensão aumenta. Dia após dia, aperfeiçôo minhas ações. Pratico, com disciplina, o que é necessário à concretização dos meus objetivos. A cada desafio, busco as soluções com perseverança. Espero, para compartilhar minha verdade, que as condições sejam propícias. Sei que cada um tem seu ritmo, na medida de suas possibilidades e de sua vontade. Ajo com suavidade e persistência.

Observo o ritmo e os ciclos da natureza. Observo a pulsação da vida. Considero cada acontecimento num contexto maior. Deixo às soluções o tempo de amadurecer. Reuno pacientemente as condições necessárias à ação. Passo a passo, faço o que é possível e o que precisa ser feito, mantendo sempre clara minha intenção. Lembro que, numa vida, em geral, cabe um número limitado de mudanças quantitativas e qualitativas. Lembro que avanços, paradas e retrocessos fazem parte do caminho em direção à Unidade. Organizo-me para as épocas de recolhimento. Tomo os cuidados necessários para repor constantemente minhas forças, pois, em última instância, não há chegada, só o caminho.

**Vivo, integro e deixo ir a *sombra* do desafio**

- Irrito-me quando as coisas fogem do que programei
- Desconsidero meu ritmo e minhas dificuldades
- Descuido de minhas forças vitais
- Perco de vista meus objetivos, meu Propósito
- Não suporto refazer o que precisa ser aperfeiçoado
- Fico na superfície das coisas
- Avalio apressadamente as situações
- Tomo decisões precipitadas, queimo etapas; não suporto esperar
- Invento pretextos para adiar minhas decisões e ações

- Valorizo as dificuldades e o sofrimento
- Deixo-me deter por qualquer dificuldade
- Perco-me na busca excessiva de perfeição
- Sou condescendente por medo de expressar limites
- Repito, sem proveito, as mesmas ações
- Deixo passar as oportunidades que o Universo me apresenta
- Desperdiço o tempo da espera
- Desconsidero o ritmo e as dificuldades alheias

**Venço, na *luz*, o desafio** =

- Agradeço cada limitação, contratempo e impedimento
- Aprendo com a observação dos ciclos e dos processos naturais
- Cuido com constância de minha força vital
- Procuro conter minha impulsividade, dissolver minha ansiedade
- Considero dados e fatos com serenidade
- Mantenho clara minha intenção, meu objetivo
- Faço o que é necessário à realização dos meus objetivos
- Espero o momento certo para agir
- Tomo o tempo necessário para centrar-me antes de agir
- Ajo com disciplina, firmeza e constância
- Refaço o que pode e precisa ser aprimorado
- Repito minhas experiências até integrá-las
- Recolho-me quando o tempo é de adversidade
- Aguardo o lento amadurecimento das coisas
- Aguardo, com tranqüilidade, o momento da colheita
- Uso construtivamente o tempo da espera
- Respeito meu ritmo e o ritmo alheio

VR 4

## QUIETUDE

Estou presente aqui e agora. Busco silenciar os barulhos e acalmar a agitação, fora e dentro de mim. Na quietude, observo minhas sensações, idéias e sentimentos; chego mais perto de minha essência e de meu poder; reflito sobre minha autenticidade. Conecto minhas percepções intuitivas às energias cósmicas que me alimentam. Aquieto a voz de minha mente para ouvir, em meu coração, a voz de meu Eu Superior. Através da concentração e da focalização experimento a estabilidade e a clareza. Percebo a unidade de tudo o que existe. Percebo o Caminho do Meio. Experimento o "vazio" que tudo contém.

Calo-me para ouvir meu Eu Superior. Busco a quietude através da contemplação, da meditação, da prece e da ação centrada. Mantenho-me desperto e disponível. Na quietude interior, os sinais afloram: a partir de meu centro percebo as mensagens do Universo. Para além das aparências, focalizo a intenção certa, adoto a atitude certa e, no momento certo, realizo a ação certa. Na quietude, as fronteiras se dissolvem. Calo-me para ouvir os outros.

**Vivo, integro e deixo ir a *sombra* do desafio**

- Fujo do contato comigo mesmo
- Faço qualquer coisa para não me deparar com minha sombra
- Evito sistematicamente me aprofundar nas coisas
- Procuro e alimento a agitação física, emocional ou mental
- Entrego-me à dispersão, à distração, à preguiça
- Ajo descontroladamente, levado por sentimentos extremos
- Alimento preocupações, inquietações, pensamentos obsessivos
- Minha atenção está no passado ou no futuro
- Não consigo assimilar informações nem usá-las adequadamente
- Não consigo expressar meus sentimentos, minhas idéias
- Fecho-me num excesso de isolamento, de rigidez
- Não consigo perceber os sinais do Universo, ouvir minha intuição
- Procuro fugir da realidade

- Perpetuo problemas e doenças
- Dependo constantemente da presença dos outros
- Preciso ouvir a opinião dos outros o tempo todo
- Tenho dificuldade em perceber e ouvir os outros

**Venço, na *luz,* o desafio ||**

- Agradeço cada interferência, provocação e deslize
- Mantenho minha consciência desperta
- Concentro minha plena atenção no presente
- Busco o silêncio e a serenidade no centro de meu ser
- Escuto meu corpo e entendo suas mensagens
- Escuto meu coração e discirno minhas emoções, sentimentos e intuições
- Escuto minha mente e discirno minhas idéias e crenças
- Calo a voz de meu ego antes de agir
- Ouço a voz de meu Eu Superior e encontro respostas em mim
- Percebo as mensagens do Universo
- Uso a respiração, o relaxamento, a meditação, a contemplação
- Uso a mentalização, a visualização, a prece
- Crio o espaço necessário à manifestação de meu poder
- Encontro o espaço necessário à transmutação, à regeneração
- Encontro o espaço necessário à criação de uma nova realidade
- Resguardo-me quando necessário
- Calo-me para ouvir os outros
- Trago quietude e serenidade a meu meio

VR 5

## EQUILÍBRIO · HARMONIA

Vivencio na Terra a harmonia do Universo. Equilibro os aspectos mais concretos de minhas experiências com os níveis mais elevados de minha consciência. Em cada experiência equilibro as polaridades negativa e positiva. Equilibro em mim as energias femininas e masculinas, a sombra e a luz, meu lado esquerdo e meu lado direito. Aprendo com todas as vivências. A cada momento volto a harmonizar-me em meu centro, volto a harmonizar-me com meu Propósito e com o Todo.

Inspiro-me na observação da natureza para encontrar o movimento e o ritmo de minha vida. Busco mover-me com agilidade entre as polaridades e, a cada passagem, volto ao centro. Vivo, confiante, os momentos de mudança: sei que eles conduzem a um novo equilíbrio. Em mim, restabeleço o equilíbrio em todos os planos para poder prosseguir no desenvolvimento harmonioso e completo das possibilidades superiores de meu ser. Promovo o equilíbrio e a harmonia em mim e no meio onde vivo, contribuindo assim ao equilíbrio e à harmonia do Todo.

**Vivo, integro e deixo ir a *sombra* do desafio**

- Desperdiço os ensinamentos da natureza
- Perco a visão do todo
- Vivo a mercê das brigas entre meus *euzinhos*
- Vejo o centro como algo tedioso e medíocre
- Valorizo e vivo unicamente situações extremas
- Encontro destruição na vivência de situações extremas
- Desprezo o Caminho do Meio
- Crio fronteiras, separações; alimento o caos e a discórdia
- Exalto um determinado comportamento, sentimento ou idéia
- Cultivo comportamentos, sentimentos ou idéias destrutivas
- Desenvolvo doenças por seleção inadequada ou bloqueio de energias
- Sinto-me deslocado em qualquer situação

- Apego-me com rigidez ao conhecido
- Temo me mover, temo mudar
- Temo perder o equilíbrio alcançado
- Acho que manterei para sempre as vantagens materiais que tenho hoje
- Uso inadequadamente as riquezas que possuo
- Deixo de cuidar de cada passo meu

## Venço, na *luz*, o desafio

- Agradeço cada perturbação, falta, excesso e bloqueio
- Encontro sabedoria na vivência de situações extremas
- Equilibro em mim os planos físico, emocional, mental e espiritual
- Equilibro as polaridades em cada experiência
- Mantenho o equilíbrio entre as diferentes áreas de minha vida
- Mantenho o equilíbrio em cada área de minha vida
- Cultivo a saúde pela seleção e a circulação adequada das energias
- Observo no Universo, os ciclos, o ritmo das mudanças
- Procuro viver em sintonia com a harmonia universal
- Mantenho-me em harmonia com meu Propósito
- Experimento a fluidez, a flexibilidade e a suavidade
- Experimento o centro e a serenidade
- Desfruto da prosperidade nascida da harmonia e da serenidade
- Prolongo os benefícios do sucesso sendo humilde e generoso
- Mantenho-me pronto para as inevitáveis modificações
- Aprendo com cada crise, com cada modificação
- Volto ao centro após integrar cada experiência vivida
- Minha harmonia interna beneficia o mundo externo

VR 6

## CONFIANÇA · FÉ

VR 7

Minha fé e minha confiança nascem do deslumbramento que o Universo me inspira, encontram apoio na observação da relação entre o macro e o microcosmo, e confirmação em minha intuição. Nos ensinamentos sagrados das diversas tradições observo o que há de essencial. Identifico, na riqueza das diferenças, o que toca meu coração. Busco os diferentes níveis de entendimento. Vivo na prática minhas convicções; reflito sobre seus efeitos; revejo minhas crenças quando é necessário.

Discirno o que, para além dos meus sentidos, emoções, sentimentos e idéias, faz sentido em meu coração; é nele que confio. Sinto que algo preside o milagre da existência, algo ao mesmo tempo próximo e infinito. Acredito em minha capacidade – e na dos outros – de mudar e transcender as leis dos humanos para me harmonizar cada vez mais com as Leis do Universo. Confio em minhas qualidades, em minha capacidade de lidar com a sombra e com a luz e de integrá-las. Encontro em minha fé, força e motivação para viver, enfrentar os desafios e me aprimorar. Confio no poder de regeneração espiritual da raça humana. Confio na sabedoria do Todo.

### Vivo, integro e deixo ir a *sombra* do desafio ↕

- Contento-me com a aparência das coisas
- Nego minhas qualidades, capacidades e poder
- Bloqueio meu entendimento com idéias preconcebidas
- Reprimo minha realidade espiritual em nome de minha realidade mental
- Duvido de minhas experiências e de minha inteligência intuitiva
- Esqueço tudo o que sei quando vivo dificuldades
- Entro em pânico, desespero ou depressão frente a um desafio
- Saio de meu centro e não sei mais em que posso confiar
- Sinto-me vítima do destino
- Acredito em tudo que me é dito

- Aceito cegamente as crenças estabelecidas, o poder oficial
- Busco sempre as respostas fora de mim
- Desisto dos meus projetos, dos meus sonhos
- Vivo em desacordo com minhas convicções
- Acho que minha fé é a única válida
- Quero impor minhas crenças aos outros
- Não reconheço nos seres humanos a essência divina
- Não vejo perspectivas para a humanidade

**Venço, na *luz*, o desafio** ⇅

- Agradeço cada desprezo, crítica, dúvida e desespero
- Inspiro-me na relação entre o macro e o microcosmo
- Inspiro-me na observação dos ciclos e dos ritmos da natureza
- Percebo o mundo a partir de minha inteligência intuitiva
- Aprendo com os mestres verdadeiros e com as tradições
- Confio naquilo que conheço por experiência interna
- Encontro e escuto o mestre em mim
- Minha inteligência intuitiva me traz certezas
- Minha fé provém de minha certeza interior
- Encontro em minha fé, força e motivação para enfrentar os desafios
- Baseio minhas crenças em minha certeza interior
- Valorizo a existência e o poder de minhas qualidades
- Reconheço o poder de criação e de cura do Amor
- Vivo a partir de minhas convicções
- Revejo minhas crenças quando necessário
- Em tudo busco a essência e me oriento por ela
- Percebo um fio condutor, um sentido, em minha vida
- Tenho fé na capacidade humana de regenerar-se espiritualmente

VR 7

## FORÇA · CORAGEM · PODER

Como um verdadeiro guerreiro uno, à minha essência divina, as qualidades humanas que fazem de mim um ser único. É nessa união, em meu centro, que minha força tem suas raízes. É ela que me permite encontrar a coragem de suplantar o medo e dar os passos necessários a meu aprimoramento. No presente, desfaço os laços que me prendem ao passado e integro cada vivência. Modifico-me e tenho consciência, em cada ação, de meu poder de modificar a realidade. Busco a realização das possibilidades humanas e a superação dos estados condicionados.

Mantenho-me centrado, conectado a minha essência divina. Estou disposto a aprender com a sombra e com a luz. Cuido de minhas energias, dos meus corpos físico, etérico, emocional, mental e espiritual. Uso meus dons e desenvolvo minhas qualidades. Uso a memória do que já aprendi. Tenho a coragem de me desapegar do que não serve mais e de me modificar. Vou além das aparências e experimento o novo, correndo os riscos necessários. Tenho a coragem de seguir a voz de meu Eu Superior, de enfrentar os desafios e de realizar meu Propósito. Aprimoro minha capacidade de usar as energias disponíveis em mim e fora de mim para alcançar meus objetivos. Uso meu poder de maneira construtiva.

### Vivo, integro e deixo ir a *sombra* do desafio

- Não reconheço a essência divina em mim
- Deixo-me desviar de meu centro por longos períodos
- Nego-me o Amor, a confiança e os cuidados dos quais preciso
- Não uso meus dons nem desenvolvo minhas qualidades
- Recuso-me a reconhecer minhas sombras e a me relacionar com elas
- Sinto pena de mim, deixo que outros tenham pena de mim
- Alimento o medo em mim e nos outros
- Desperdiço sistematicamente minha força vital

- Deixo minhas sombras vencerem minha força de vontade
- Fujo dos desafios achando que posso evitá-los
- Temo pôr em risco o que conheço, o que possuo
- Evito liberar o que não serve mais, por medo do desconhecido
- Prolongo os sofrimentos conhecidos sem aprender com eles
- Recorro a recursos que me dão a ilusão do poder
- Uso sempre meu poder de maneira destrutiva
- Abuso de meu poder e acabo perdendo-o
- Entrego meu poder a outros e deixo-me manipular
- Uso a energia de outras pessoas e as manipulo

**Venço, na *luz*, o desafio** ♃

VR 8

- Agradeço cada fraqueza, medo e desafio
- Alimento e cuido adequadamente de minha força vital
- Mantenho-me enraizado em minha essência divina
- Mantenho ativa minha força permanecendo centrado
- Desenvolvo meu corpo, minha mente e minhas qualidades
- Encontro força no conhecimento proveniente de minha inteligência intuitiva
- Encontro força no conhecimento adquirido em minhas experiências
- Encontro apoio nas tradições e nos mestres verdadeiros
- Mobilizo minha força interior através de minha força de vontade
- Uso minha força de vontade para controlar meu ego
- Mobilizo o guerreiro, o criador e o curador dentro de mim
- Tenho a coragem de reconhecer, vivenciar e integrar minhas sombras
- Faço escolhas e assumo a responsabilidade por elas
- Mudo o que pode ser mudado
- Construo meu próprio caminho, correndo os riscos necessários
- Vivo a vida plenamente
- Desenvolvo minha capacidade de usar as energias disponíveis
- Uso meu poder a serviço do aprimoramento e da vida

## RESPONSABILIDADE · GENEROSIDADE

Sou livre para escolher a maneira de responder a cada circunstância, a cada acontecimento, interno e externo, e para construir meu caminho. Sou responsável por minhas escolhas, pelo que sou agora e por descobrir o que fazer a cada momento. Sou responsável por me manter alerta e envolvido com a vida, fazendo sempre o que está a meu alcance. É cuidando de meu aprimoramento que melhor colaboro com o Universo. Procuro ter crenças e pensamentos construtivos capazes de produzir um presente e um futuro em harmonia com o Todo. Compartilho minhas riquezas, com isso a vida ganha sentido. Dôo de mim ao divino que há em cada ser humano.

Sou responsável por cuidar de minha energia vital, da saúde dos meus corpos, e por cuidar daqueles que dependem de mim. Sou responsável por meu processo de aprimoramento. Assimilo minhas experiências e manifesto as qualidades que fazem de mim um ser único e precioso para o Universo. Pratico e compartilho meus conhecimentos. Dou apoio ao processo de aprimoramento dos meus companheiros de viagem. Colaboro com a vida, nos limites de minhas possibilidades. Deixo aos outros a responsabilidade que lhes cabe. Sei doar de minha energia, preservando meu poder interior e minha integridade. Colaboro para a construção de um futuro individual e coletivo cada vez mais harmonioso.

### Vivo, integro e deixo ir a *sombra* do desafio

- Evito sistematicamente me conhecer
- Vejo os desafios como castigos, como injustiças
- Assumo a postura de vítima do destino
- Desconsidero as conseqüências de minhas escolhas e ações
- Vivo buscando responsáveis externos para justificar o presente
- Apego-me a tudo que não serve mais, repito velhos padrões
- Fujo das mudanças necessárias
- Desperdiço minhas energias, qualidades, conhecimentos e tempo

- Não cuido de mim, espero que outros o façam
- Desconsidero as necessidades dos que dependem de mim
- Recuso-me a fazer minha parte
- Sinto-me responsável por tudo
- Dôo indiscriminadamente de minha energia
- Dôo uma coisa para receber outra em retorno
- Dôo uma coisa para manipular aquele que a recebe
- Enfraqueço os outros tendo pena deles, superprotegendo-os
- Retenho minhas riquezas e me torno estéril
- Não agradeço ao Universo nem àqueles que colaboram comigo

**Venço, na *luz*, o desafio**  ☽

- Agradeço cada irresponsabilidade, mesquinhez e avareza
- Busco conhecer-me, conhecer minha sombra e minha luz
- Identifico meu Propósito e sigo o caminho de meu aprimoramento
- Faço, com alegria, o que me cabe e o que está a meu alcance
- Assumo a responsabilidade por minhas escolhas passadas
- Liberto-me do que me prende ao passado
- Ajo conscientemente a partir de meu centro
- Responsabilizo-me por meu presente e meu futuro
- Aprendo com minhas experiências, integro minha sombra e minha luz
- Cuido de mim e daqueles que dependem de mim
- Dôo parte de minha energia ao divino presente em cada ser
- Realizo minhas qualidades, meus dons
- Compartilho meus conhecimentos, minhas experiências, minhas riquezas
- Abro mão das expectativas de aproveitamento e de retorno
- Dou apoio ao aprimoramento alheio
- Ofereço pensamentos de luz, amor e confiança a todos os seres
- Transmuto, na medida do possível, energias de sombra e produzo energias de luz
- Expresso minha gratidão pela vida, pela generosidade do Universo

## HUMILDADE · SABEDORIA

**VR 10**

Reconheço a extensão do trabalho que preciso realizar em mim mesmo, a vastidão dos conhecimentos a adquirir e da sabedoria a alcançar. Cada ser é importante e necessário para o Todo; sou um entre eles. Por ser simplesmente quem sou, sinto-me à vontade em toda circunstância. Aprendo, observando o macro e o microcosmo, a inevitabilidade da interdependência e da modificação. Renuncio ao julgamento. Acolho em mim as experiências de sombra que ainda preciso trabalhar, deixo ir as experiências de sombra que já conheço e repito conscientemente as experiências de luz.

Meu caminho só é válido para mim. Aceito minha humanidade com sua grandiosidade e suas limitações. Quando preciso, peço ajuda ao Universo e a meus companheiros de viagem. Ajudo-os na medida de minhas possibilidades. Aceito críticas e conselhos. Mantenho-me discreto a respeito de minhas realizações. Uso minha ampla visão do Todo para realizar, a partir de meu centro, a ação certa, no momento certo, da maneira certa. Para enfrentar os novos desafios, uso a memória de minha experiência, meus conhecimentos, qualidades e recursos. Ponho em pratica meus conhecimentos. Uso as condições externas a meu favor. Cuido constantemente do equilíbrio de minhas energias e da limpeza interior de meu ser, em todos os planos.

**Vivo, integro e deixo ir a *sombra* do desafio**

- Acho que sei tudo, que posso tudo, que sou o centro do mundo
- Não suporto críticas nem sugestões; revolto-me contra os limites
- Gabo-me de minhas qualidades, riquezas e vitórias
- Fico inebriado pelo sucesso, pelo poder
- Deixo-me iludir pelas aparências, pela satisfação imediata de meu desejo
- Julgo meu grupo étnico, cultural ou social superior aos demais
- Julgo meus conhecimentos e minhas crenças superiores aos demais
- Vejo unicamente minha luz, nunca minha sombra

- Quero resolver os problemas do mundo
- Não consigo pedir ajuda
- Acho que só mereço privações e humilhações
- Desperdiço minhas qualidades, recursos e conhecimentos
- Desconsidero minhas experiências, não uso o que sei
- Desconsidero os ensinamentos dos sábios, os avisos do Universo
- Repito padrões de sofrimento e destruição que já conheço
- Respondo aos comportamentos destrutivos com energia similar
- Sou escravo das convenções, dos dogmas e dos meus *euzinhos* negativos
- Acho que o ser humano é o centro do mundo e pode usar e abusar de tudo

VR 10

**Venço, na *luz*, o desafio**

- Agradeço cada orgulho, crítica, esquecimento e teimosia
- Expresso gratidão pela vida através da devoção e da celebração
- Reverencio a presença divina em mim, em cada ser, em cada coisa
- Reconheço meus limites e peço ajuda quando preciso
- Dou valor a cada coisa, tanto na escassez quanto na fartura
- Mantenho simplicidade e modéstia em todas as circunstâncias
- Aprendo, com a natureza, a interdependência e a modificação
- Aprendo com cada ser que cruza meu caminho
- Mudo o que posso mudar, aceito o que não posso mudar
- Liberto-me do que não serve mais, em todos os planos
- Deixo-me guiar por meu Eu Superior em todas as circunstâncias
- Acolho em mim a sombra e a luz
- Integro a sombra que já conheço e vivo o que preciso viver
- Aprendo com rapidez minhas lições e mantenho viva minha memória
- Repito conscientemente as experiências de luz
- Faço escolhas lembrando que se refletirão no Todo
- Uso as condições externas a meu favor
- Reconheço que cada ser, cada caminho, é único

## SABER ESTAR SÓ · COMPAIXÃO

Reconheço que tenho dentro de mim tudo que necessito, pois minha essência é divina. Somente eu posso viver minhas experiências, aprender com elas e realizar as mudanças que escolhi. Consciente de minha integridade, posso me relacionar plenamente com os outros, posso doar e receber. Vejo cada ser humano como irmão. Reconheço seus sofrimentos e suas dificuldades pois, ao longo de minhas encarnações, posso ter vivido experiências equivalentes. Amo meus companheiros de viagem como são.

Meu espaço interior está preenchido pela percepção do aspecto divino da vida, pelo anseio em realizar meu Propósito, e pela sabedoria nascida da integração de minhas experiências com a sombra e com a luz. Percebo minha relação com o Todo. Sinto-me inteiro e estabeleço relações com os outros seres a partir de minha inteireza. Estou em contato com todos os seres através da essência divina que nos é comum, por isso nunca estou realmente só. Envolvo em vibrações de Amor aquele que está preso ao sofrimento. Na segurança de meu coração, abraço minha sombra e minha luz; abraço cada ser, sua sombra e sua luz. Somos Um e somos capazes de alcançar, pelo Caminho do Meio, uma nova dimensão.

**Vivo, integro e deixo ir a *sombra* do desafio**

- Só penso em mim, ignoro o resto do mundo
- Não dou valor a minha luz; não consigo perceber minhas sombras
- Só me sinto vivo na presença de outras pessoas
- Mantenho relacionamentos para aliviar meu medo e meu sofrimento
- Dependo dos meus relacionamentos para sentir-me inteiro
- Mantenho relacionamentos a qualquer custo para não ficar só
- Alimento a dependência em minhas relações
- Vivo expectativas e frustrações
- Deixo-me corroer por sentimentos e pensamentos destrutivos
- Sinto-me só e abandonado mesmo na presença de outras pessoas

- Não consigo voltar para meu centro após uma perda
- Isolo-me por medo de sofrer novamente
- Temo enxergar no outro minha sombra
- Identifico-me com o que há de pior no outro
- Tenho pena de mim e dos outros
- Encorajo os outros a permanecer separados da Luz
- Fico preso ao sofrimento alheio e deixo de seguir meu caminho
- Ignoro o sofrimento alheio

## Venço, na *luz,* o desafio ☯

- Agradeço cada perda, carência e sofrimento
- Centro-me em minha essência divina e sinto-me inteiro
- Focalizo continuamente o Amor que nasce de meu centro
- Integro cada experiência, abraçando sua sombra e sua luz
- Ligo-me ao mundo através do silêncio e da essência
- Estabeleço relações verdadeiras a partir de minha inteireza
- Aceito os momentos de solidão
- Aproveito o recolhimento para me ouvir e cuidar de mim
- Aproveito o recolhimento para colaborar com o meu aprimoramento
- Cultivo em meu coração sentimentos construtivos
- Cultivo em minha mente pensamentos construtivos
- Lembro que a sombra e a luz são partes da aprendizagem
- Recordo minhas próprias experiências na sombra e na luz
- Reconheço que cada um está num momento particular de seu Caminho
- Aceito a dor alheia sem julgá-la nem apegar-me a ela
- Volto a centrar-me na Luz, após cada experiência
- Dou apoio ao aprimoramento dos meus companheiros de estrada
- Abraço sua sombra e sua luz

VR 11

## VIGILÂNCIA · DETERMINAÇÃO

Estou inteiro no presente. Busco a Essência por trás da aparência. Lembro que terei de lidar com as conseqüências de cada escolha minha; lembro que cada escolha que faço tem um efeito sobre o Todo. Mantenho meus sentidos e minha mente em alerta para fazer, da melhor maneira, o que me cabe. Encontro os maiores perigos dentro de mim. Fico atento a minha sombra e minha luz. Estou sempre pronto para enfrentar os desafios, sejam eles grandes ou pequenos, internos ou externos. Mobilizo minha atenção, discernimento e determinação para me conhecer, me aprimorar, realizar meu Propósito, realizar minhas possibilidades e integrá-las.

Sou um observador constante, livre e desperto, de mim mesmo e de meu entorno. Estou atento às minhas sensações, comportamentos, sentimentos e idéias. Estou atento às trapaças dos meus *euzinhos*. Percebo e entendo os sinais do Universo. Uso essas informações para escolher minha maneira de ser e de agir. Protejo-me das interferências energéticas nefastas mantendo-me centrado na Luz e produzindo Luz. Evito as armadilhas da sombra que já conheço. Enfrento com determinação as sombras que ainda preciso trabalhar. Com discernimento, serenidade, coragem e disciplina faço o que é preciso para manter meus corpos em harmonia e para seguir meu caminho.

### Vivo, integro e deixo ir a *sombra* do desafio

- Dou à aparência a importância devida à Essência
- Deixo-me iludir pelo conhecimento das coisas contigentes
- Minha vontade enfraquece sob a menor pressão
- Tenho medo de tudo, o tempo todo; sinto-me perseguido, ameaçado
- Desconfio de tudo e de todos; vigio e controlo tudo e todos
- Esgoto minhas energias por excesso de tensão ou atividades
- Alimento preocupações, idéias fixas, comportamentos polarizados
- Produzo e atraio energias nefastas
- Não percebo os perigos e corro riscos desnecessários

- Esqueço meus compromissos, minhas intenções, minhas resoluções
- Volto automaticamente aos velhos padrões
- Deixo minha consciência adormecer, minha percepção embotar-se
- Deixo passar as oportunidades
- Deixo acumular questões que pedem cuidados e resoluções
- Deixo-me perturbar por qualquer provocação ou dificuldade
- Deixo-me distrair e desviar por qualquer motivo
- Não consigo centrar-me nem concentrar-me

**Venço, na *luz*, o desafio** ✥

- Agradeço cada fraqueza, desvio, atraso e armadilha
- Comporto-me como um guerreiro verdadeiro em situação de perigo
- Discirno a Essência por trás da aparência
- Uso minha inteligência intuitiva para ampliar e aprofundar meus conhecimentos
- Estou inteiro no presente para enfrentar qualquer desafio
- Mobilizo permanentemente minha vontade
- Mantenho meus sentidos e minha mente em alerta
- Combino atenção e relaxamento, análise e intuição
- Permaneço atento aos perigos externos e internos
- Respondo às mensagens dadas pelo Universo e por meu corpo
- Respondo aos desafios no tempo certo e da maneira certa
- Tomo medidas preventivas e corretivas a tempo
- Livro-me dos excessos e preencho o que falta, em tempo
- Cuido a cada dia de minha energia vital
- Exercito meu corpo e minha mente
- Protejo-me contra as influências energéticas nefastas com a ajuda da Luz
- Valho-me das oportunidades que o Universo me apresenta
- Ajo a favor de meu aprimoramento e da vida

VR 12

## AMOR · SERENIDADE

Através da realização dos estados humanos nos planos físicos e etéricos consigo me manter no centro de meu ser onde ressoa a voz de meu Eu Superior. Expresso Amor e serenidade em cada uma de minhas ações. No Amor e na alegria serena, curo-me e me modifico. Dôo-me Amor e alegria; recebo Amor e alegria – eu mereço. Colaboro com a cura e a modificação de outros seres; ofereço-lhes Amor e alegria – eles merecem. Celebro a vida e a infinita beleza do Universo. Encorajo em mim e nos outros o que existe de melhor.

Amo o corpo que escolhi para essa viagem – é através dele que atraio o que preciso aprender. Amo meus companheiros de viagem, a natureza, a Terra – eles me oferecem as oportunidades através das quais aprendo. Amo o Universo, sua diversidade, seu movimento, sua música: sou Um com ele. Pressinto que posso alcançar o Amor incondicional. No meu coração, ouço a voz de meu Eu Superior e encontro o Caminho do Meio que conduz às portas de outras dimensões. No centro, todas as qualidades se unem ao Amor e à serenidade.

**Vivo, integro e deixo ir a *sombra* do desafio** O

- Sinto-me só, abandonado, rejeitado, limitado
- Mantenho-me desligado da essência da vida
- Permaneço afastado de meu centro
- Revolto-me contra a existência da sombra
- Quero isolar ou eliminar a sombra
- Alimento, em mim e nos outros, ações e atitudes destrutivas
- Vivo, promovo e atraio sistematicamente a sombra
- Respondo às provocações da sombra com as mesmas energias
- Maltrato a mim mesmo, aos outros, à natureza
- Não uso minha criatividade ou uso-a de maneira destrutiva
- Controlo, manipulo e sufoco aqueles que penso amar
- Imponho condições, crio expectativas e cobranças

- Cultivo sentimentos extremos, meu coração é palco de tempestades
- Sinto pena de mim e dos outros
- Reprimo demonstrações de alegria e de Amor, em mim e nos outros
- Minha serenidade desaparece à menor dificuldade
- Apego-me à tristeza, ao mau humor, à depressão, à ilusão

**Venço, na *luz*, o desafio** ○

- Agradeço cada desafio, perda, limitação e ilusão
- Realizo em mim os estados humanos relacionados aos planos físicos e etéricos
- Conheço a natureza e seus segredos
- Reconheço as expressões físicas e etéricas do Ser Uno
- Mantenho-me conectado ao Amor que tudo cria
- Acolho a sombra e a luz em meu coração
- Aproveito cada sombra para exercitar o Amor incondicional
- Atraio o Amor e acolho-o
- Celebro a vida e a infinita beleza do Universo
- Apoio com serenidade as escolhas que fiz para esta vida
- Faço, com serenidade, o que devo fazer
- Volto a me centrar no Amor e na serenidade após cada desafio
- Integro as diferentes maneiras de ver e de entender o mundo
- Amo a mim mesmo e aos outros, exatamente como somos
- Encorajo em mim e nos outros o que existe de melhor
- Ofereço Amor e confiança a todos os seres, em ação e pensamento
- No centro, todas as qualidades se juntam ao Amor e à serenidade
- Pressinto a possibilidade de morrer para a separação e renascer na Unidade e no Amor incondicional

VR 13

## 2 - Textos dos símbolos da Família Branca (BR)

### SOL

**BR 1**

O Sol rege o signo de Leão.
Identifico minha força vital. Manifesto meu potencial criativo. Consciente de minha integridade e qualidades, desenvolvo minhas metas tornando-me um ser especial. Sustentado por minha autoconfiança, alcanço a plenitude de meu brilho interior e passo a iluminar os outros seres.

Tenho consciência de minha individualidade, de minha força vital e de meu poder de criação no plano terrestre. Focalizo minha atenção sobre meus projetos, desperto possibilidades e trago à realidade concreta aquelas que melhor atendem a meu Propósito. Sou independente, generoso e leal. Minha autoconfiança, meu dinamismo e minha luz contagiam os outros seres.

**Usando, na *sombra*, as energias da ferramenta ☉**

- A confusão entre as vozes de meu ego e minha inteligência intuitiva
- O egocentrismo
- A dificuldade de perceber o entorno, os outros
- A onipotência
- A falta de confiança em mim mesmo
- A falta de força vital
- O desconhecimento de mim mesmo
- A desagregação de minha personalidade
- O adormecimento de minha percepção
- O não reconhecimento de minhas qualidades
- O não reconhecimento de meu poder de criar
- A dificuldade de focalizar minha atenção
- A incapacidade de manifestar meus projetos
- A timidez
- A vergonha de mim mesmo

- O sentimento de opressão por regras e figuras de autoridade
- A falta de interesse pelas pessoas
- A destruição daqueles que se opõem a meus projetos

**Usando, na *luz*, as energias da ferramenta** ☉

- A celebração da vida em todas as suas formas
- A percepção de mim mesmo
- O conhecimento de mim mesmo
- A autoconfiança
- A consciência da força vital disponível em mim
- A consciência de minha integridade e originalidade
- A consciência de minhas qualidades
- A independência
- A lealdade
- A generosidade
- A plenitude de meu brilho interior
- A luz e o dinamismo contagiantes
- A capacidade de focalizar a atenção sobre meus projetos
- A capacidade de despertar as possibilidades
- A capacidade de manifestar meu potencial criativo
- A intuição do caminho a ser seguido
- A integração do meu potencial em minha vida

BR
1

# LUA

A Lua rege o signo de Câncer.

Vindas de meu âmago, emoções brotam e amadurecem ao sol. Escuto as mensagens de meu corpo. Sinto-me seguro ao cuidar de minhas necessidades emocionais e corporais. Permito a aproximação dos outros; dependo deles; sou cuidado e protegido por eles. Outros dependem de mim; cuido deles e os protejo, resguardando-me quando necessário.

Raízes mergulham na terra úmida e fértil de minha memória, até minha origem. Dou forma ao impulso criativo que vem de meu sol interno e impregno essas formas de emoções. Laços de sentimento ligam minha memória ao passado, fazendo dela o celeiro das tradições, a matriz de minhas criações no plano da matéria e do conhecimento. Através da multiplicidade das formas que nascem, preservo a essência das coisas. Sou sensível, compreensível, maleável e prudente. Sei me cuidar e me proteger, cuidar dos outros e protegê-los.

### Usando, na *sombra*, as energias da ferramenta ☾

- A supervalorização do mundo emocional
- O descuido com as mensagens de meu corpo
- O apego ao conhecido, ao "certo e seguro"
- O apego ao passado, qualquer que seja
- O medo de me arriscar no novo
- O medo das mudanças necessárias
- A manutenção dos hábitos que não me servem mais
- A preguiça
- O tédio, o fastio
- O amontoamento de objetos, de lembranças
- A fuga das lembranças
- O bloqueio de minha memória
- A instabilidade emocional
- O desprezo pelas emoções

- A repressão das emoções
- A dependência
- A perda de identidade por excesso de adaptação ao outro
- A superproteção

**Usando, na *luz*, as energias da ferramenta ☾**

- A preservação da vida em suas várias formas
- O comportamento emocional subconsciente e supraconsciente
- A sabedoria que meu corpo me traz
- A satisfação de minhas necessidades emocionais e corporais
- O movimento de aproximação
- A apreensão da existência e das emoções alheias
- A noção de interdependência
- A dedicação, a devoção e a proteção
- A segurança como resultado dos cuidados ministrados
- A memória do passado, das tradições
- A preservação dos meus sonhos de infância
- A doação da forma aos impulsos criativos do Sol
- A impregnação dessas formas por emoções
- A percepção da multiplicidade das formas criadas
- A sensibilidade, a prudência e a maleabilidade
- A assimilação construtiva
- A reprodução e o crescimento
- A mudança através da permanência

# MERCÚRIO

O planeta Mercúrio rege os signos de Gêmeos e Virgem.

Mantenho acesa minha curiosidade e com isso aprimoro a maneira como percebo o mundo. Uso meu raciocínio com presteza e habilidade para me adaptar às circunstâncias da vida. Vejo cada ponto de vista como parte da verdade. Uso o conhecimento de modo construtivo. Aplico meus recursos pessoais e minha inteligência, com engenhosidade, no meio ambiente.

Analiso experiências e fatos de maneira tão objetiva quanto possível. Considero os vários aspectos de cada questão. Reflito sobre eles. Estabeleço conexões entre dados e teorias cuidadosamente discriminadas e classificadas, e busco as relações que existem por trás das coisas. Reuno informações e conhecimentos e uso-os, sem demora, na formulação e comunicação dos meus pensamentos. Troco idéias, experiências e análises com outras pessoas. Vejo meus pensamentos refletidos nos outros. Aprofundo a consciência de mim mesmo observando as diferenças que existem entre nós, assim como as modificações que ocorrem com o passar do tempo. As energias circulam dentro e fora de mim ao ritmo de minha respiração.

### Usando, na *sombra*, as energias da ferramenta

- A supervalorização do mundo mental
- O uso destrutivo da habilidade intelectual
- O detalhismo e a dissecação exagerada
- A negação das sensações, emoções, sentimentos
- A frieza, o calculismo e a mesquinhez
- A imobilidade física e mental
- O isolamento físico e mental
- A agitação física e mental
- O esquecimento da prática
- A imitação que cerceia a criatividade
- A irresponsabilidade na troca de informações

- A retenção sistemática de informações e conhecimentos
- O excesso de comunicação verbal
- A redução de tudo a operações comerciais
- O medo de me mover no mundo
- O preconceito em relação aos outros
- A inveja destrutiva das qualidades alheias
- A negligência com o processo de cura

**Usando, na *luz*, as energias da ferramenta ☿**

- A troca de idéias e experiências de vida com meus "irmãos"
- A capacidade de lidar com os processos mentais
- A curiosidade e o discernimento
- A multiplicidade do olhar
- O uso construtivo do conhecimento
- A reconsideração das idéias adquiridas
- A busca da relação subjacente entre as coisas
- A formulação e a comunicação de pensamentos e conhecimentos
- A adaptabilidade
- A suavidade, a leveza
- A observação e a admiração dos outros
- A percepção das diferenças
- O refinamento da consciência de mim mesmo
- A diversificação de minhas atividades
- O movimento, a troca e o deslocamento
- O aprimoramento da percepção do mundo
- A engenhosidade na relação com o meio ambiente
- A capacidade de curar

# VÊNUS

O planeta Vênus rege os signos de Touro e Libra.

Valorizo meus recursos e talentos pessoais no desabrochar de minha potencialidade. Procuro me tornar e tornar o mundo mais bonito, agradável, justo e verdadeiro. Atraio a sorte e a possibilidade do amor compartilhado. Enriqueço minha vida na cooperação equilibrada com os outros. Aprendo a alegria de viver.

Satisfaço minha sensualidade e meus ideais de justiça. Busco unir-me a pessoas conectadas às questões da solidariedade e da preservação da vida em suas várias formas. Nesses relacionamentos, o equilíbrio é garantido pelo reconhecimento mútuo das particularidades individuais; a harmonia é fruto da manifestação do respeito, do amor e do afeto. Contribuo para o surgimento de um modelo social baseado na cooperação e na criação da beleza.

## Usando, na *sombra*, as energias da ferramenta ♀

- A supervalorização do mundo sensorial
- A vaidade
- A busca insaciável de prazeres
- O uso interessado do poder de sedução
- A necessidade compulsiva de novos encontros
- O abandono dos meus ideais de justiça e cooperação
- O abandono da busca de aperfeiçoamento espiritual
- A busca desenfreada do conforto, do luxo
- O ciúme de minhas posses
- O uso do outro para satisfazer meus desejos
- A dificuldade de escolher
- A falta de clareza nos valores de referência
- A repressão da sensualidade
- A repressão da beleza
- A promoção da desarmonia e do desequilíbrio

- O uso de valores convencionais como refúgio
- A dificuldade em conciliar polaridades

**Usando, na *luz*, as energias da ferramenta** ♀

- A alegria de viver
- O poder de atrair a sorte e o amor compartilhado
- A satisfação dos meus desejos e interesses
- O desejo de harmonizar e equilibrar
- A valorização dos meus recursos e talentos
- A busca da beleza, da sensualidade, da tranqüilidade
- A busca da verdade, da justiça
- A cooperação equilibrada com os outros
- A solidariedade e a paz
- O reconhecimento das particularidades individuais
- O instinto de autopreservação
- A participação a grupos humanos
- A importância dos relacionamentos emocionais
- A harmonia como resultado do respeito, do amor, do afeto
- A mobilização do poder nascido do amor e do afeto
- A prosperidade
- A arbitragem dos conflitos, das diferenças; a capacidade de conciliar
- A contribuição ao surgimento de modelos sociais mais harmoniosos

## MARTE

O planeta Marte rege o signo de Áries.

Com a coragem e a audácia do guerreiro, nasço, sobrevivo e cresço no mundo. Venço desafios, experimento novos caminhos e corro riscos para me tornar livre e independente. Afirmo minha individualidade, usando minhas energias a meu favor. Dou uma direção a meus desejos escolhendo realizações construtivas como alvo para meus projetos.

Uso minha energia com coragem para garantir minha sobrevivência. Mantenho-me firme, enquanto indivíduo, frente à sociedade e dentro dos grupos dos quais faço parte. Sinto-me impelido a conquistar meu espaço e minha independência. Empreendo, de corpo e alma, as ações necessárias à realização dos meus desejos. Sou um guerreiro em busca de vitórias que atendam à finalidade que escolhi para minha vida. Faço exercícios físicos para dar vazão a um excesso de energia.

### Usando, na *sombra*, as energias da ferramenta ♂

- A supervalorização da agressividade
- A impulsividade descontrolada ou violenta
- A destruição pela destruição
- A transformação das diferenças e divergências em conflito
- A hostilidade
- A tensão constante
- O excesso de ansiedade
- A insensibilidade em relação aos desejos dos outros
- A não percepção das "estratégias" apropriadas para o momento
- O desperdício das energias
- O esgotamento das energias
- O desperdício da inteligência e da destreza
- A competição permanente
- O acúmulo de atividades

- O medo de agir no mundo, de correr riscos
- A fuga dos desafios
- A repressão da sexualidade

Usando, na *luz*, as energias de ♂

- A coragem de viver
- O uso produtivo da energia vital disponível
- A energia sexual disponível
- A atitude do guerreiro aceitando riscos e vencendo desafios
- A capacidade de tomar iniciativa
- O poder de lutar por meus desejos e interesses
- A espontaneidade, o entusiasmo e o dinamismo
- A audácia, a firmeza e a agressividade sadia
- A capacidade de me afirmar e de me defender
- A conquista de meu espaço vital
- A busca da liberdade, da independência
- A afirmação de minha individualidade
- O direcionamento dos meus desejos para realizações construtivas
- A intensidade de meu envolvimento naquilo que vivencio
- A necessidade de exercícios físicos
- O senso de aventura
- A clareza de minhas metas e a coragem para iniciá-las
- A possibilidade de funcionar como indivíduo dentro de um grupo

## JÚPITER

♃

O planeta Júpiter rege o signo de Sagitário.
Protegido pela graça divina, exploro e preencho novos espaços. Busco paz e prosperidade. Integro-me à vida com alegria e otimismo. Percebo as conexões entre as coisas. O significado maior que dou à vida me traz força e inspiração para prosseguir na caminhada.

A busca espiritual da unidade com o Todo me leva a aprofundar e ampliar minhas experiências e minha relação com o mundo. Exploro novos territórios físicos e teóricos e ativo minhas habilidades latentes. Enxergo a relatividade das coisas manifestas e entendo melhor meu próprio mundo. Uno minha visão ampla e profética do futuro à sabedoria nascida da experiência, e assim aprimoro leis e modelos que inspiram meu caminho. Compartilho meus conhecimentos e descobertas com honestidade. Pratico a justiça, a tolerância e o dom da cura. Abro-me à abundância.

### Usando, na *sombra*, as energias da ferramenta ♃

- A supervalorização do prestígio
- A falta de compaixão, a impiedade
- A invasão do espaço alheio
- A centralização abusiva do comando
- A omnipotência e o dogmatismo
- A imposição aos outros de minha maneira de ver
- O julgamento e castigo aos que se rebelam
- O orgulho desmedido de minhas crenças e conhecimentos
- O impulso de comprar, de consumir
- O amontoamento compulsivo de bens e propriedades
- O apetite incontrolável
- A retenção de todos os dons, conhecimentos e riquezas
- O bloqueio da energia de prosperidade
- O medo do desconhecido
- O medo de viajar

- A falta de sentido na vida
- A tristeza e o pessimismo
- O não aproveitamento das experiências

**Usando, na *luz*, as energias da ferramenta 2**

- A Graça de viver
- A proteção divina e a fé
- A ampliação dos meus horizontes
- A exploração de novos territórios, físicos e teóricos
- O preenchimento de novos espaços
- A busca da concórdia
- A aceitação da prosperidade, da abundância
- A integração à vida, com otimismo
- A inspiração e a percepção aguçadas
- A percepção das conexões entre as coisas
- A busca espiritual da unidade com o Todo
- O desabrochar de minhas habilidades latentes
- A sabedoria intuitiva
- A visão ampla e profética do futuro
- A partilha honesta dos conhecimentos e a generosidade
- A prática da justiça e da tolerância
- O rigor e a misericórdia
- O aprimoramento dos modelos e das leis internas

BR 6

## SATURNO

O planeta Saturno rege o signo de Capricórnio.

Tenho o dever e a responsabilidade de identificar e realizar as experiências necessárias à minha evolução – elas me conduzem à maestria. Aceito a realidade como ela é e adapto-me a ela, conservando minha integridade. Realizo meu trabalho com disciplina, organização e perseverança. Colho, no momento certo, o que em terra firme plantei.

Valorizo o processo de aprendizagem. Busco, com esforço constante e dirigido, a melhor maneira de agir em cada situação. Tenho consciência de minha responsabilidade quanto às conseqüências de minhas escolhas. Vejo, nas dificuldades, uma oportunidade de aprender. Com paciência e perseverança, construo as estruturas necessárias à realização dos meus objetivos a longo prazo; com tenacidade e esmero, construo meu Caminho. Torno-me um membro maduro da sociedade.

### Usando, na *sombra*, as energias da ferramenta ♄

- A supervalorização do esforço e da objetividade
- A não assimilação das experiências
- A rigidez, o endurecimento e a frieza
- A inércia, o isolamento
- A recusa das mudanças, dos imprevistos
- O apego às estruturas existentes, às normas estabelecidas
- O apego à matéria
- A avareza
- O desprezo pelo descanso, pelos prazeres da vida
- A ambição desmedida
- A falta total de ambição
- O caminho do sofrimento visto como único Caminho
- O medo da vida
- O pessimismo, a melancolia

- O controle rígido sobre as pessoas amadas
- A dificuldade extrema em construir meu próprio Caminho
- O orgulho
- A falta de confiança nos outros

**Usando, na *luz*, as energias da ferramenta ♄**

- O ofício de viver
- O senso de dever, responsabilidade e integridade
- A identificação e realização do que é necessário a meu aprimoramento
- A valorização do processo de aprendizagem
- A busca da maestria
- A aceitação da realidade
- A disciplina e a organização na realização do trabalho
- A paciência e a perseverança
- O esforço de focalização no objetivo
- A busca da melhor maneira de agir em cada situação
- O conhecimento da Lei de causa e efeito
- A construção das estruturas necessárias às realizações de longo prazo
- A consolidação das estruturas
- A maturidade e a seriedade
- O uso da sabedoria para influenciar o destino
- A ambição com responsabilidade
- A definição de limites
- A colheita dos frutos de meu trabalho

# KIRON

Kiron é um asteróide descoberto em 1977.

Uno meu instinto à minha inteligência intuitiva. Minha experiência me traz sensibilidade e conhecimento de mim mesmo; uso essas qualidades para entender e ajudar os outros. Ensino-lhes a arte da cura, a coragem e a ética. Meu conhecimento da natureza está a serviço do Todo.

Orientado pela Luz Divina, torno-me um sábio, um curador e um professor hábil e dedicado. Por ter sido ferido emocional e fisicamente, compreendo os sofrimentos dos outros. Transmito-lhes o resultado de minha experiência: o uso terapêutico da natureza, a arte da sobrevivência no mundo, o conhecimento das estrelas, a cultura e as artes. Pelo exemplo, ensino-lhes a coragem, a ética e a nobreza de alma; assim eles se tornam guerreiros capazes de ultrapassar seus limites e de servir a seus irmãos e ao Todo. Aceito que minha capacidade de prever e controlar meu Caminho seja limitada. Nos processos de morte e renascimento, aceito calmamente a necessária entrega de meu ego. Preparo-me para enfrentar essa realidade com humildade e serenidade.

## Usando, na *sombra*, as energias da ferramenta

- A supervalorização e o apego ao sofrimento
- O sentimento de ser abandonado pelo plano divino
- O sentimento de permanente rejeição no plano humano
- A separação da natureza
- O apego às mágoas, aos ressentimentos
- A autopiedade
- O uso dos próprios sofrimentos para provocar pena
- O conflito entre desejos físicos e aspirações espirituais
- O conflito entre instinto, razão e inteligência intuitiva
- O sentimento de fatalidade frente ao sofrimento
- O desânimo frente ao peso da existência terrestre

- O desdém pelo sofrimento alheio
- A ausência total de compaixão
- O orgulho dos próprios conhecimentos
- O não uso dos dons e dos conhecimentos
- A sensação de poder prever e controlar tudo
- O medo de desaparecer
- A falta de sentido na morte

**Usando, na *luz*, as energias da ferramenta K**

- A proteção e a orientação divina
- A sabedoria a serviço dos outros como finalidade na vida
- A conciliação dos anseios terrestres e divinos
- A união do instinto e da inteligência intuitiva
- O conhecimento do sofrimento emocional e físico
- A elaboração e a superação do sofrimento
- A sensibilidade e o conhecimento de si mesmo
- A compreensão do sofrimento alheio
- O uso terapêutico da natureza
- O dom de ensinar pela vivência
- O dom de curar emocional e fisicamente
- A arte de superar dificuldades e crescer com elas
- O uso das qualidades do guerreiro verdadeiro
- A humildade frente à limitação do controle sobre meu destino
- A humildade e a serenidade frente à morte
- A mobilização do curador interior, em mim e nos outros
- O entendimento holístico da saúde, da cura e da educação

## URANO

O planeta Urano rege o signo de Aquário.

Capto com clareza e rapidez a genialidade da energia criadora. Nas descobertas que faço, encontro inspiração para revolucionar, com alegria, o que precisa ser mudado. Uso a tecnologia de forma construtiva. Tenho consciência de minha originalidade e liberdade; reconheço em cada ser essas qualidades. Vejo em todos os seres humanos companheiros na caminhada rumo ao entendimento universal e junto-me a eles.

Quebro antigas formas; liberto-me de antigos limites e obrigações e busco novos padrões que me ofereçam mais espaço para me desenvolver. Minha intuição e criatividade me permitem criar novas maneiras de viver, originais e mais agradáveis. Expresso-me em total liberdade e independência. Respeito esse direito em cada indivíduo; juntos, delineamos as idéias que temos em comum; reconhecemo-nos como irmãos.

### Usando, na *sombra*, as energias da ferramenta ♅

- A supervalorização do "novo" e do "diferente"
- O conflito permanente com a sociedade
- A transgressão que dá a ilusão de liberdade
- O sentimento de superioridade por ser diferente
- O desprezo pelas pessoas que aceitam o padrão social vigente
- A intolerância e a provocação
- A perseguição daqueles que pensam diferente
- A não aplicação, na própria realidade, das idéias apregoadas
- A dificuldade de relacionamento
- O individualismo exacerbado
- A revolta contra o Universo
- A promoção da desarmonia e do caos
- O uso destrutivo da tecnologia
- A destruição das formas antigas sem proposta de substituição

- A busca de mudança e progresso a qualquer custo
- A busca frenética da última novidade
- A rebeldia sem causa
- O desenraizamento e a fragmentação do poder

**Usando, na *luz*, as energias da ferramenta** ⛢

- A liberdade coletiva e individual
- A destruição das formas antigas que não servem mais
- A revolução, com alegria, do que precisa ser mudado
- A libertação dos antigos limites e obrigações
- A elevação da consciência e a compreensão
- A percepção instantânea da genialidade da energia criadora
- A revolução dos costumes e a busca de novos padrões
- A busca de maior espaço para o aprimoramento
- O desejo de novas experiências
- O uso construtivo da tecnologia
- A consciência da própria originalidade, independência e liberdade
- A autodeterminação
- A intuição e a criatividade
- A descoberta de novas maneiras de viver, mais originais e agradáveis
- A expressão livre e independente
- O respeito às opiniões alheias, à singularidade de cada indivíduo
- O delineamento das idéias em comum
- A liberdade, a igualdade e a fraternidade

# NETUNO

O planeta Netuno rege o signo de Peixes.

Liberto-me dos contornos de meu ego e entrego-me à unidade com o Todo. Meu guia é o eco divino que ressoa dentro de mim; ele inspira meu canto, me leva a beber na fonte dos meus sonhos; com ele me abro à compaixão. Sintonizo-me com o ideal de minha geração para fazer do planeta um lugar melhor.

Sinto-me atraído pelo desejo de modificar a sociedade. Desenvolvo um sentimento de Amor pela Humanidade e desejo servir a ela. Com a ajuda de minha inspiração, imaginação e sensibilidade, remodelo a forma num todo mais perfeito; sentimentos e pensamentos se ajustam uns aos outros com flexibilidade. Amplio os aspectos emocionais de minhas experiências. Mantenho-me em unidade com a vida através das poderosas imagens dos mitos e do contato com as origens primordiais. Busco realidades alternativas mais belas; crio novas imagens, crio arte.

**BR 10**

## Usando, na *sombra*, as energias da ferramenta ♆

- A supervalorização das "realidades alternativas"
- A perda de minha identidade
- A fuga nos sonhos e fantasias
- A fuga através de substâncias que criam sonhos
- O mergulho na embriaguez
- A fuga da realidade através de qualquer recurso
- A dissimulação dos aspectos concretos da realidade
- O delírio criativo sem aplicações práticas
- A utopia impraticável
- O envolvimento com o mundo astral
- O apego ao passado e ao futuro
- A dificuldade de lidar com o presente
- O desejo que alguém faça a parte de trabalho que me cabe
- A loucura

- A perversão
- O escapismo através da autopiedade
- A falta de definição e clareza em minha vida
- A submissão cega ao poder de grupos ideológicos ou religiosos

**Usando, na *luz*, as energias da ferramenta ♆**

- A união com o coletivo e comigo mesmo
- A elevação da consciência
- O contato com os mitos e com as origens primordiais
- A inspiração, a imaginação e a sensibilidade
- O ajuste entre sentimentos e pensamentos
- O aperfeiçoamento dos aspectos emocionais das experiências
- A dissolução dos costumes anacrônicos
- A busca de realidades alternativas mais belas
- A sutileza, a ternura
- O senso de realidade, de Essência
- A busca da realização dos meus sonhos
- A sintonia com o ideal de minha geração
- O desejo de fazer do mundo um lugar melhor
- O sentimento de Amor pela Humanidade
- O desejo de servir à Humanidade
- A atração por valores genéricos e impessoais
- A realização e a superação das possibilidades humanas individuais
- A vivência da unidade com o Todo pela dissolução do ego

# PLUTÃO

O planeta Plutão rege o signo de Escorpião.

O poder telúrico da transmutação pulsa dentro de mim. Desço às raízes e renasço, purificado, para o essencial: a riqueza da consciência cósmica. Sou capaz, então, de atuar coletivamente e de trabalhar para que a Humanidade alcance um nível mais elevado de Luz.

Aceito a existência dos extremos, a destruição do denso, a revelação do oculto. Dificuldades e tensões reprimidas irrompem em explosão de emoções. Uso as energias telúricas para ampliar drasticamente minha consciência. Removo os conteúdos que prejudicam meu desenvolvimento e integro os que são úteis neste momento. Tomo posse dos meus tesouros mais secretos. Sou impelido a participar dos processos de morte e renascimento, pessoais e coletivos, guiado por um senso agudo de finalidade. Suporto, da melhor maneira possível, o sofrimento que a modificação provoca. Vejo, no fim de um ciclo, o começo de um outro. Meu profundo sentimento de justiça ultrapassa as convenções humanas.

## Usando, na *sombra,* as energias da ferramenta

- A supervalorização da destruição
- A recusa em trabalhar com o mais profundo em mim
- A produção de eventos catastróficos
- A eliminação sem critérios
- A insatisfação permanente
- A omnipotência, a compulsão
- A transformação da vida num inferno
- A liberação descontrolada das sombras reprimidas
- O uso da perspicácia para ferir as pessoas
- O impulso de ferir
- A revolta compulsiva contra o ordem estabelecida
- A promoção da feiúra, da sujeira, da maldade
- A aniquilação no absurdo da vida e da morte

- A destruição das coisas e pessoas julgadas impuras
- A necessidade desmedida de controle e de poder
- O uso da sexualidade para controlar as pessoas
- A dificuldade extrema de perdoar
- O desenvolvimento de doenças que corroem

**Usando, na *luz*, as energias da ferramenta** ♇
- A modificação coletiva e individual
- A vontade irresistível de me libertar do denso
- A descida às raízes, a limpeza e a purificação
- A transmutação inevitável
- A remoção dos conteúdos que prejudicam o aprimoramento
- A integração dos conteúdos úteis no momento
- A liberação das tensões reprimidas e de todas as emoções
- A participação irresistível nos processos de morte e renascimento
- A aceitação do sofrimento que acompanha a modificação
- O reconhecimento da crise como oportunidade de aprimoramento
- A elaboração controlada pela mente consciente
- O senso agudo de finalidade
- A busca do essencial e a renovação constante
- A tomada de consciência inevitável
- A tomada de posse dos meus tesouros mais secretos
- O profundo sentimento de justiça
- A busca de um nível mais elevado de Luz para a Humanidade
- O renascimento na riqueza da consciência cósmica

BR 11

## NOVO PLANETA

Abro-me à inevitabilidade do novo e do desconhecido, do inesperado e do imprevisível que trazem em si a dupla semente do risco e da esperança. Vivo plenamente os eventos assim criados e atinjo, com rapidez, a maestria sobre suas energias. Conduzo minha vida a partir de meu centro, por isso mantenho-me tranqüilo frente a qualquer possibilidade: sei que, o que se apresenta está relacionado da melhor maneira a meu Propósito. Abro-me às reconsiderações, limpezas e modificações suscitadas pelo surgimento do novo.

Novos eventos surgem no mundo que conheço; parte da realidade que desconheço é repentinamente desvendada pela ampliação ou o aprofundamento de meu entendimento. Situações ligadas às minhas escolhas passadas aparecem, inesperadamente, em meu caminho; situações destinadas a ampliar a vivência de meu potencial humano surgem, imprevisíveis. Os novos acontecimentos, com sua sombra e sua luz, entram em ressonância com meus sentimentos e pensamentos: ao encontrar medo em meu coração, oferecem situações onde eu possa trabalhar o medo; ao encontrar serenidade e confiança, respondem com serenidade e confiança.

### Usando, na *sombra*, as energias da ferramenta ●

- A supervalorização da moda, da modernidade
- O consumo desenfreado de novidades
- A superficialidade sistemática
- O medo de me aprofundar
- O medo de ampliar meu conhecimento
- O conformismo e o comodismo
- O desprezo pelo saber tradicional
- A não assimilação das novas vivências
- A falta de centramento
- A ansiedade, o medo e a angustia por falta de contato com a Essência
- A resistência aos acontecimentos

- O cultivo de sentimentos e pensamentos negativos
- A sensação de ser vítima do Universo
- A falta de ética e responsabilidade no uso do novo
- A onipotência
- A ilusão do controle sobre os acontecimentos
- O acúmulo de coisas velhas sem uso
- A rigidez

**Usando, na *luz*, as energias da ferramenta** ●

- A aceitação dos acontecimentos apresentados pelo Universo
- O cultivo dos valores centrados
- A ampliação e o aprofundamento de meu conhecimento
- O conhecimento e o aprimoramento de mim mesmo
- O respeito às Leis Universais
- A confiança no sentido e na harmonia do Todo
- A flexibilidade e a coragem frente às dificuldades
- A assimilação das modificações necessárias
- A renuncia ao controle sobre os acontecimentos
- O controle sobre meus *euzinhos*
- A reavaliação do que é essencial
- A eliminação do que não serve mais
- A vivência plena dos acontecimentos apresentados pelo Universo
- O uso da inteligência intuitiva como guia
- O uso consciente do livre-arbítrio
- A volta ao centro após cada nova vivência
- A observação e o discernimento
- A prudência e a ousadia, segundo a necessidade

BR 12

## CENTRO DA GALÁXIA

Através da realização dos estados humanos no plano emocional consigo me manter no centro de meu ser onde ressoa a voz de meu Eu Superior. Após viver cada acontecimento, após integrar sua sombra e sua luz, volto a centrar-me em meu coração, onde se expande o Amor Universal e a inteligência intuitiva. Sinto que tudo participa da Ordem Universal e que há um sentido para cada coisa. Alcanço um nível mais elevado de vibração após adquirir a maestria sobre a densidade e assim contribuo com o Todo.

Pressinto a possibilidade de morrer para a separação e renascer na Unidade. Uno meu centro ao Centro do Universo que está em toda parte. Meu coração pulsa em sintonia com o coração da Galáxia, recebendo sua força e sabedoria. Em meu coração todos os planos se encontram. Por empenhar-me o máximo possível em meu aprimoramento, contribuo para que a Humanidade alcance um padrão mais harmonioso de vibração, para que ela passe, com proveito, pelas modificações necessárias. Juntamente com os outros seres, caminho na direção de uma realidade modificada e integrada que atenda às nossas aspirações mais elevadas.

Usando, na *sombra*, as energias da ferramenta

- A supervalorização do meu ego
- A onipotência e a arrogância
- A supervalorização dos mundos intermediários
- A permanência na periferia das coisas
- A falta de visão do Todo
- A mudança pela mudança
- A valorização do consumo das informações periféricas, das "novidades"
- A negação do que questiona minhas limitações
- A rigidez em qualquer plano
- O isolamento; a separação

- O sentimentalismo excessivo
- A teoria isolada da vivência prática
- O equívoco sobre a origem das informações internas e externas
- O desprezo pelas Leis Universais, pela Essência
- A não percepção das "mensagens" do Universo
- O não uso ou o uso inadequado das "mensagens" do Universo
- O bloqueio na circulação da energia vital
- A manipulação das informações e das energias

**Usando, na *luz*, as energias da ferramenta**
- A conexão com a Fonte e a escuta de minha voz interior
- A sensação de pertencimento ao Todo
- O fluxo das informações provenientes do Centro, da Fonte
- O fluxo da vida
- A maestria sobre o plano emocional
- O conhecimento da periferia das coisas
- A volta ao centro após cada vivência
- A experiência da vida em sua plenitude
- A integração da sombra e da luz
- A circulação harmoniosa das energias
- A circulação das informações essenciais
- O movimento constante das expressões da Essência
- As modificações constantes das expressões da Essência
- A continuidade a partir do Princípio
- A união, em meu coração, de todos os planos
- A percepção do Centro em tudo
- A percepção de um sentido para tudo que existe
- A contribuição com o aprimoramento coletivo a partir de meu próprio aprimoramento

# 3 - Textos dos símbolos da Família Azul (AZ)

## ÁRIES

O signo de Áries é regido pelo planeta Marte.

Tiro do Sopro Divino a força e a coragem de existir e iniciar meus projetos. Minha capacidade de assumir atitudes íntegras e construtivas cria a prosperidade.

Minha força é a própria força da vida que irrompe. Descubro-me através de minhas experiências, sempre renovadas. Frente ao perigo, vejo possibilidades. Aprendo que sou um indivíduo único e independente na Terra. A partir dos desafios que a vida me apresenta aprendo a reconhecer minhas limitações e opções. Conto com meu grande poder de recuperação em todos os planos. Sei o que quero e realizo minha tarefa na vida com espontaneidade, fé e convicção. Confio em meus próprios recursos internos e em minha integridade. Tenho a coragem de existir em meio a toda explosão de vida na Terra.

**Procedendo, na *sombra*, à maneira de ♈**

- Buscando só tumulto, perigo e emoções fortes
- Acumulando atividades em excesso
- Agindo com excesso de agressividade
- Queimando improdutivamente minha energia
- Buscando ansiosamente a satisfação dos meus desejos
- Rebelando-me contra qualquer ordem estabelecida
- Agindo com cega impulsividade
- Agindo com impaciência
- Reagindo com irritação, raiva, cólera
- Deixando inacabadas minhas ações
- Esperando a satisfação milagrosa dos meus desejos
- Desejando ser servido pelos outros
- Agindo caoticamente
- Competindo sistematicamente

- Desenvolvendo um individualismo exacerbado
- Deixando-me bloquear pelo medo
- Caindo na inação
- Alimentando dúvida a respeito de minha identidade

**Procedendo, na *luz*, à maneira de ♈**

- Abrindo caminho na vida
- Existindo no mundo com força e coragem
- Usando construtivamente a energia vital disponível
- Usando a agressividade de maneira sadia
- Iniciando meus projetos com entusiasmo
- Assumindo atitudes íntegras e construtivas
- Desbravando territórios
- Percebendo as possibilidades frente aos desafios
- Respondendo com rapidez aos desafios
- Tirando proveito das experiências
- Aceitando o novo
- Agindo com independência
- Recuperando-me com rapidez e facilidade
- Agindo com espontaneidade, fé e convicção
- Clareando e respeitando meus desejos
- Descobrindo minha identidade a partir das experiências
- Tomando decisões e iniciativas acertadas
- Buscando uma motivação na emulação sadia, na superação

# TOURO

O signo de Touro é regido pelo planeta Vênus.

Percebo meus atributos, qualidades e valores. Uso-os em meu trabalho em favor do bem-estar e da beleza. Minha capacidade de materializar esses tesouros a serviço de minha tarefa atrai a prosperidade. Incorporo o conteúdo das experiências que a vida me apresenta. Com prudência e tenacidade, dou direção a meus impulsos e forma às minhas idéias. Sinto-me seguro ao comprovar o valor prático dessas idéias. Aprecio os elementos materiais que o mundo me oferece e uso-os para criar. Pressinto as formas belas que posso construir com meu trabalho; compartilho este prazer com os seres de todos os reinos deste planeta. Assumo meu deslumbramento pela beleza do Universo. Procuro tornar as coisas mais agradáveis para mim e para os outros.

## AZ 2

Procedendo, na *sombra*, à maneira de ♉

- Não conseguindo reconhecer meu próprio valor
- Não conseguindo atribuir um preço a meu trabalho
- Estabelecendo relações com pessoas que me desvalorizam
- Sendo excessivamente passivo
- Preocupando-me em excesso com a segurança
- Preocupando-me com o valor que os outros me atribuem
- Satisfazendo unicamente meu apetite de riqueza
- Atendendo unicamente à satisfação dos meus sentidos
- Acumulando somente para mim tudo o que é bonito
- Impedindo aos outros o acesso à beleza e ao bem-estar
- Agindo com obsessividade
- Agindo com fanatismo e intolerância
- Sendo dogmático e preconceituoso
- Negando tudo que está fora do meu modelo da realidade
- Negando tudo que não é identificado por meus sentidos
- Modificando meus valores no interesse de minhas necessidades

- Cultivando relacionamentos por interesse
- Não conseguindo reconhecer o valor dos outros

**Procedendo, na *luz*, à maneira de** ♉

- Percebendo e usando meus atributos, qualidades e valores
- Materializando meus dons
- Expressando meu gosto pela matéria
- Expressando meu deslumbramento pela beleza do Universo
- Buscando equilibradamente prazeres materiais, sensuais e artísticos
- Agindo a favor do bem-estar e da beleza
- Agindo com prudência, economia e tenacidade
- Dando uma direção a meus impulsos
- Dando forma às minhas idéias e valores
- Verificando o valor prático de minhas idéias
- Criando uma base segura para a vida
- Entrando com habilidade em situações práticas e proveitosas
- Mantendo-me conscientemente fiel
- Mantendo uma atitude receptiva
- Mantendo vivo o amor
- Expressando minha afinidade com todos os reinos da natureza
- Incorporando o conteúdo das experiências
- Estabelecendo minha individualidade

AZ
2

# GÊMEOS

O signo de Gêmeos é regido pelo planeta Mercúrio.

Formulo minhas idéias e aprendo com as idéias dos outros. Faço uma ponte entre meu lado divino e meu lado terreno; movimento-me entre as polaridades, dentro e fora de mim. Troco energia com todos os seres e espalho a prosperidade.

Adapto-me com facilidade às circunstâncias da vida. Experimento novos caminhos com a finalidade de aprender. Confio em minha habilidade intelectual de analisar e organizar as coisas concretas e abstratas. Através de minha percepção mental, organizo meu relacionamento com o mundo externo. Com vivacidade, vejo todos os lados das coisas e das situações. Em minhas criações, represento o macrocosmo no microcosmo.

## Procedendo, na *sombra*, à maneira de ♓

- Submetendo-me à sedução dos belos raciocínios
- Falando muito e agindo pouco
- Mantendo-me na superficialidade
- Agindo com diletantismo
- Agindo com dispersão
- Pulando constantemente de um assunto a outro
- Exacerbando o plano mental em detrimento dos outros planos
- Reduzindo minhas relações a operações comerciais
- Abusando do tempo e do dinheiro alheios
- Fragmentando a realidade para evitar envolver-me
- Temendo os compromissos a longo prazo
- Agindo como um eterno adolescente
- Temendo os relacionamentos
- Temendo trocar energia com os outros
- Dissimulando sistematicamente minha identidade por medo de ser controlado
- Não conseguindo relacionar o desconhecido com o conhecido

- Não conseguindo ordenar as informações
- Não conseguindo estabelecer relações de irmandade

**Procedendo, na *luz*, à maneira de ♊**

- Trocando conhecimentos e descobertas com meu entorno
- Trocando energias com todos os seres
- Mantendo acesa minha curiosidade
- Vendo todos os lados das coisas
- Formulando minhas idéias, perguntas e dúvidas
- Aprendendo com as idéias dos outros
- Estabelecendo uma ponte entre o lado divino e o lado terreno
- Movendo-me entre as polaridades, interna e externamente
- Adaptando-me às circunstâncias do dia-a-dia
- Aprendendo com novos caminhos
- Confiando em minha habilidade intelectual
- Relacionando-me com o mundo a partir da percepção mental
- Coletando informações, pesquisando, estudando, compreendendo
- Organizando e analisando as coisas concretas e abstratas
- Inventando sistemas e técnicas
- Expressando minha vivacidade, versatilidade e mutabilidade
- Viajando, indo e vindo
- Representando o macrocosmo no microcosmo

AZ 3

# CÂNCER

O signo de Câncer é regido pela Lua.

Com a memória das experiências passadas sou capaz de me proteger, de cuidar de mim, dos outros e da nova semente que intuo no amanhã. Com isso alimento e ancoro meu sentimento de prosperidade.

Recolho-me de maneira a me conectar com a memória ancestral, alimentá-la e aquecer o que nasce. Crio uma ponte entre os mundos. Reconheço e compreendo o lado subjetivo da vida. Amadureço, com sensibilidade e equilíbrio, as impressões e emoções que o ambiente me desperta. Tenho dentro de mim o que preciso para cuidar de mim e dos outros. Através de minha imaginação, que é a semente da realidade manifestada, ajudo o Universo a nascer.

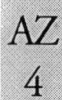

### Procedendo, na *sombra*, à maneira de ♋

- Mantendo uma excessiva atividade interna
- Mantendo uma excessiva passividade externa
- Apegando-me ao passado ou ao futuro
- Sendo incapaz de viver no presente
- Fugindo do passado por medo de sofrer de novo
- Temendo mudar, perder o que é familiar e confortável
- Retraindo-me totalmente por medo da vida
- Sendo exageradamente suscetível ao que é dito ou feito pelos outros
- Tendo um humor instável e imprevisível
- Sendo inseguro, vulnerável e hipersensível
- Experimentando emoções e sentimentos imaturos
- Resistindo ao amadurecimento, sendo uma eterna criança
- Vivendo a vida através de outra pessoa ou personagem
- Apegando-me ao ressentimento
- Não conseguindo falar de minhas emoções
- Tendo ciúme de minhas criações
- Protegendo e querendo ser protegido em demasia
- Negando minhas relações familiares

**Procedendo, na *luz*, à maneira de** ♋

- Criando um ambiente seguro para mim e para os meus
- Acolhendo e protegendo a mim mesmo e aos que me são familiares
- Usando a memória ancestral
- Usando a memória das experiências passadas
- Alimentando a perenidade
- Usando minha imaginação para manifestar a realidade
- Ajudando o Universo a nascer
- Recolhendo-me para cuidar do que nasce e alimentá-lo
- Usando minha sensibilidade
- Reconhecendo e compreendendo as emoções e os sentimentos
- Amadurecendo as emoções despertadas pelo ambiente
- Pensando equilibradamente sobre mim e sobre o mundo
- Buscando emoções, experiências íntimas
- Expressando as emoções em produções artísticas
- Mantendo uma considerável atividade interna
- Mantendo uma relativa passividade externa
- Levando a sério meus sonhos
- Honrando a história do meu clã

AZ 4

# LEÃO

O signo de Leão é regido pelo Sol.

Sou fiel à verdade que brilha em meu coração. Com autoconfiança, amor e alegria crio meus projetos e expresso-os com dignidade. Com isso faço florescer a prosperidade.

Festejo a vida com vigor. Reconheço meu território, o espaço sobre o qual tenho domínio. Consciente de minha identidade, expresso na sociedade minha força e minha capacidade. Minha intuição e compreensão permitem que eu me adapte às tendências do momento. Crio em função de minha antevisão do futuro. Com determinação e coragem dedico-me a assuntos de ampla repercussão; enquanto isso, meu brilho aquece os outros seres.

## Procedendo, na *sombra*, à maneira de ♌

- Agindo com egocentrismo
- Enxergando com dificuldade os outros e suas necessidades
- Alimentando uma ambição desmedida pelo poder
- Apropriando-me das criações dos outros e usando-as
- Agindo como déspota
- Interferindo na vida alheia
- Sentindo-me superior a todos
- Provocando o afastamento dos outros
- Sentindo excessivo orgulho de mim mesmo e de minhas criações
- Não conseguindo receber ajuda
- Não confiando em mim
- Não encontrando força para me impor
- Deixando-me invadir
- Encontrando dificuldade em amar a mim mesmo e aos outros
- Sentindo-me amargo
- Não encontrando coragem nem determinação quando necessário
- Não encontrando motivação para viver

**Procedendo, na *luz*, à maneira de ♌**

- Expressando meu amor, minha alegria e autoconfiança
- Tendo consciência de minha identidade
- Celebrando vigorosamente a vida
- Criando meus próprios projetos
- Agindo com dignidade e liderança
- Deixando claro os limites do meu território
- Demostrando minha segurança em cada situação
- Expressando, na sociedade, minha força e capacidade
- Usando minha intuição e compreensão
- Usando minha antevisão do futuro em minhas criações
- Espalhando meu brilho e calor contagiantes
- Buscando a estabilidade e preservando minhas forças
- Concluindo o que é iniciado
- Agindo com cortesia e generosidade
- Sendo fiel a meu ideal
- Demostrando a verdadeira autoridade interior
- Educando pelo exemplo que dou
- Dedicando-me a assuntos de interesse coletivo com determinação e coragem

AZ 5

## VIRGEM

O signo de Virgem é regido pelo planeta Mercúrio.
Assimilo minhas experiências e aperfeiçôo meus objetivos. Escolho a maneira de receber os frutos de minha prosperidade. Com meu senso prático, uso essa colheita de maneira produtiva para todos.
Busco a perfeição em mim e nos outros. Compreendo-os e tiro proveito de suas observações. Com equilibrada autocrítica, analiso meus próprios desejos e motivações e aperfeiçôo meus objetivos. Observando a diversidade das formas e dos temas, aprofundo minha compreensão do mundo. Percebo a realidade tangível. Discrimino as ações a partir da análise de suas conseqüências. Trabalho de maneira metódica, com organização e perspicácia. Planejo minhas ações para obter resultados materiais, concretos e práticos. Penetro nos segredos da matéria. Percebo os processos invisíveis do corpo.

**Procedendo, na *sombra*, à maneira de ♍**

- Não conseguindo expressar no mundo minha mente vivaz
- Repetindo padrões destrutivos de comportamento
- Desvalorizando minhas qualidades
- Assumindo sempre a última idéia expressa por outro
- Preocupando-me excessivamente com detalhes
- Perdendo a visão do Todo
- Não conseguindo receber críticas
- Supervalorizando a razão, asfixiando a criatividade e o humor
- Exigindo demais de mim e dos outros
- Criticando o tempo todo a mim mesmo e aos outros
- Apegando-me ao controle
- Destruindo, no outro, a autoconfiança e as qualidades criativas
- Não suportando o desconhecido
- Não suportando o inesperado
- Reduzindo tudo a operações comerciais
- Sendo medroso

- Esgotando-me por excesso de trabalho
- Transformando pequenos problemas em dramas

Procedendo, na *luz*, à maneira de ♍

- Assimilando minhas experiências
- Aperfeiçoando meus objetivos
- Analisando meus motivos e desejos
- Agindo com senso prático
- Selecionando as ações a partir da análise de suas conseqüências
- Buscando a perfeição, a qualidade
- Conhecendo minhas fraquezas
- Agindo com discernimento, perspicácia
- Aprofundando minha compreensão do mundo
- Buscando sempre aumentar meu conhecimento
- Observando a diversidade
- Tirando proveito da opinião dos outros
- Planejando minhas ações
- Trabalhando metodicamente
- Percebendo os processos invisíveis do corpo
- Descobrindo os segredos da matéria
- Obtendo resultados materiais, concretos e práticos
- Usando produtivamente os resultados de minhas ações em benefício do Todo

# LIBRA

O signo de Libra é regido pelo planeta Vênus.

Descubro o que sou ao descobrir no outro o espelho de mim mesmo. Meu pensamento se expande e abarca o espaço social em busca da justiça e da paz. Ao me relacionar de modo harmonioso, compartilho a prosperidade.

Vejo em cada ser humano um igual. Posso comunicar-me, associar-me e relacionar-me com ele de maneira consciente e tão perfeita quanto possível. Nesses relacionamentos cada qual mantém-se fiel a sua individualidade e a seus compromissos; assim os conflitos são solucionados com justiça e a paz é alcançada. Procuro associar-me a grupos guiados pelo sentimento de solidariedade. Busco novos conhecimentos e informações para usar plenamente minha capacidade intelectual. Contribuo com a sociedade: busco o equilíbrio e a harmonia através da gentileza e afabilidade. Sigo uma direção positiva, guiado por um sentimento estético. Aprofundo o conhecimento de mim mesmo através do relacionamento com minha sombra; abraço-a, na segurança de meu coração.

## Procedendo, na *sombra*, à maneira de ♎

- Manipulando os outros
- Manipulando as palavras
- Agindo com frieza
- Incitando à discórdia
- Paralisando minhas escolhas pela busca excessiva de imparcialidade
- Fugindo da solidão a qualquer custo
- Usando os outros para sentir-me vivo
- Sentindo-me só apesar dos admiradores
- Não conseguindo acreditar em minhas qualidades
- Não conseguindo amar-me
- Supervalorizando os outros
- Dependendo do reconhecimento e da aprovação alheia

- Querendo o tempo todo confirmar meu poder de sedução
- Sentindo-me inseguro quanto a meu aspecto físico
- Temendo relações verdadeiras
- Encontrando dificuldade em manter um relacionamento afetivo
- Encontrando dificuldade em participar de grupos
- Dando demasiado valor às convenções

**Procedendo, na *luz*, à maneira de ♎**

- Descobrindo, no outro, um espelho
- Colocando-me, com facilidade, no lugar do outro
- Respeitando a individualidade alheia
- Sendo fiel a meus compromissos
- Buscando novos conhecimentos
- Usando plenamente minha capacidade intelectual
- Expressando meu senso estético
- Aprofundando o conhecimento de mim mesmo
- Relacionando-me com minha sombra e minha luz
- Expressando minha objetividade
- Expressando equilibradamente meu amor e minha sexualidade
- Sendo ponderado
- Desenvolvendo interesses sociais
- Contribuindo com a sociedade
- Buscando justiça e paz
- Buscando soluções de conciliação para os conflitos
- Buscando equilíbrio, harmonia e clareza nas relações e associações
- Associando-me a grupos guiados pelo sentimento de solidariedade

AZ
7

# ESCORPIÃO

O signo de Escorpião é regido pelo planeta Plutão.

Sigo o impulso de trocar energias, transmutar os antigos conteúdos e criar novos. Conquisto a prosperidade, tomando decisões e envolvendo-me profundamente com tudo que se liga a meu objetivo. Através dos meus sentimentos, penetro na Essência do significado da vida humana. Trago à tona muitos elementos do meu subconsciente. Penetro nos segredos da natureza, desinteressadamente. Elimino o que, interiormente, bloqueia meu crescimento. Aprofundo meus relacionamentos emocionais. Mobilizo minha força de vontade, meu poder interior e minha tenacidade; vou até onde for preciso para defender meus ideais e atingir meus objetivos. Faço agora o que devo e quero fazer, pois sei que um dia esta encarnação será interrompida pela morte física. Impulsionado por meus sentimentos, melhoro as condições de vida das espécies que vivem neste planeta.

Procedendo, na *sombra*, à maneira de ♏

- Exacerbando a sexualidade, os sentimentos
- Entregando-me a paixões desenfreadas
- Promovendo tragédias e tempestades
- Afogando-me nas emoções
- Agindo com teimosia
- Desconfiando de tudo
- Sentindo ciúmes incontroláveis
- Tendo dificuldade para perdoar
- Tendo dificuldade para curar minhas feridas emocionais
- Adiando as transformações necessárias
- Desconsiderando os fatos, o ponto de vista dos outros
- Sentindo prazer em ferir os outros
- Transformando meus relacionamentos num inferno
- Vendo só o lado negro das coisas e tornando-me amargo por isso
- Punindo-me por não realizar todas as transformações necessárias

- Projetando e perseguindo, nos outros, meus monstros interiores
- Olhando o mundo e os outros com olhar implacável
- Aniquilando-me no absurdo da vida

**Procedendo, na *luz*, à maneira de ♏**

- Seguindo o impulso de trocar energias com os outros
- Eliminando o que bloqueia meu aprimoramento
- Transmutando os antigos conteúdos e criando novos
- Assumindo os processos de transformação necessários
- Buscando transformar-me através de minha sexualidade
- Tomando decisões e agindo no presente
- Buscando a Essência nas profundezas do ser
- Exteriorizando elementos do subconsciente
- Mergulhando no misterioso, no escondido
- Aprofundando os relacionamentos emocionais
- Buscando a compreensão por meio dos sentimentos
- Mobilizando minha força de vontade e meu poder interior
- Envolvendo-me profundamente na busca de ideais, de objetivos
- Tomando posse do que é meu
- Defendendo a vida, a ecologia
- Penetrando desinteressadamente nos segredos da natureza
- Ultrapassando limites
- Tendo consciência da existência da morte física

AZ
8

# SAGITÁRIO

O signo de Sagitário é regido pelo planeta Júpiter.
Confio no futuro. Meu entendimento se expande a partir do alargamento dos meus horizontes. Com esperança lanço-me na busca contínua do mais elevado e do melhor. Assim expresso a prosperidade.
Busco ardentemente a liberdade, minha verdade e a Verdade Universal. Ultrapasso os limites de minha subjetividade. Presto atenção na opinião das outras pessoas. Relaciono fenômenos externos a experiências internas até descobrir Princípios Universais e alcançar uma síntese. Encontro meu objetivo na expansão e na integração. Sinto que faço parte de um Todo. Com entusiasmo e generosidade, procuro meu próprio lugar neste Todo. Sou guiado por uma meta superior. Visões proféticas nascem de minha intuição e confiança no futuro.

Procedendo, na *sombra*, à maneira de ♐

- Achando que sei tudo
- Querendo saber mais que os outros, julgando-me superior
- Descuidando do lado pessoal da vida
- Esquecendo o lado prático da vida
- Temendo comprometer-me com o mundo material
- Não conseguindo adaptar-me aos limites da realidade concreta
- Reprimindo minha intuição
- Buscando desordenadamente em várias direções
- Experimentando uma necessidade ilimitada de espaço
- Invadindo o espaço alheio
- Alimentando interesse exclusivo por celebridades e novidades
- Desejando irresistivelmente o poder
- Sendo cínico
- Deixando de cumprir as promessas feitas
- Experimentando a falta de generosidade
- Experimentando a falta de compaixão

- Recusando-me a compartilhar meus conhecimentos
- Recusando-me a me considerar um simples mortal

**Procedendo, na *luz*, à maneira de ♐**

- Buscando, em mim e nos outros, o mais elevado e o melhor
- Confiando no futuro
- Alargando meus horizontes
- Viajando para territórios desconhecidos
- Expandindo meu entendimento
- Alimentando a esperança
- Ultrapassando os limites da subjetividade
- Usando minha intuição
- Expressando meu entusiasmo e minha generosidade
- Buscando ardentemente a liberdade
- Buscando com entusiasmo minha própria verdade e a Verdade Universal
- Relacionando fenômenos externos e experiências internas
- Buscando a síntese e a abstração
- Tendo a expansão e a integração como objetivos
- Descobrindo Princípios Universais
- Buscando meu lugar no Todo
- Confiando em minhas visões proféticas do futuro
- Atendendo à necessidade de ser um propagador

## CAPRICÓRNIO

O signo de Capricórnio é regido pelo planeta Saturno.

No presente visualizo e estruturo meus objetivos a longo prazo; com persistência, os construo. Sei que o tempo está a meu favor, assim realizo a prosperidade.

Assimilo minhas experiências. Sei o que posso realizar dentro de um todo coletivo. Sinto concretamente o limite entre meu universo interno, infinito, e sua expressão no mundo externo, finita. Aceito essa finitude porque valorizo a realidade acima da fantasia. Faço sempre a parte de trabalho que me cabe para que cada um possa fazer melhor a sua. Aceito limitações e obrigações quando sinto que essas necessidades nascem dentro de mim. Dou forma às coisas e trabalho para integrá-las. Com perseverança, disciplina e respeito, construo minha independência e realizo meus objetivos a longo prazo. Preservo as estruturas que sustentam meu desenvolvimento. Participo da construção e da realização dos sonhos da coletividade.

Procedendo, na *sombra*, à maneira de ♑

- Controlando severamente minha fantasia e imaginação
- Sendo fanático, intolerante, excessivamente severo
- Sendo inescrupuloso para chegar ao fim desejado
- Encontrando dificuldade para expressar meus sentimentos
- Apegando-me às experiências dolorosas
- Valorizando exageradamente a segurança material
- Alimentando uma ambição exacerbada
- Valorizando a dificuldade como fator de aprimoramento
- Condicionando meu amor à obediência
- Criando um mundo sombrio, sem amor, alegria ou afeto
- Criando um mundo de melancolia, onde tudo é difícil
- Retraindo-me, fugindo dos relacionamentos
- Controlando os passos alheios e impondo meu próprio modelo
- Expressando um orgulho e um medo da fraqueza desmedidos

- Não conseguindo relaxar, me divertir, por medo de perder o controle
- Tornando rígidos meu corpo e minha mente
- Não conseguindo escolher nem atingir minhas metas
- Não conseguindo perceber meus limites

**Procedendo, na *luz*, à maneira de ♑**

- Selecionando e visualizando meus objetivos a longo prazo
- Vendo com clareza as realizações possíveis
- Trabalhando com disciplina, seriedade e firmeza
- Escalando passo a passo a montanha da realização
- Realizando a parte de trabalho que me cabe
- Estruturando e realizando meus objetivos
- Construindo minha independência
- Sendo persistente e paciente
- Demonstrando respeito
- Desenvolvendo um forte senso de individualidade
- Vendo no tempo um aliado
- Assimilando minhas experiências na quietude da interiorização
- Percebendo concretamente meu universo interno, infinito
- Percebendo concretamente sua expressão externa, finita
- Valorizando a realidade acima da fantasia
- Aceitando as limitações e obrigações quando nascidas dentro de mim
- Preservando as estruturas que sustentam meu desenvolvimento
- Participando da construção e da realização dos sonhos da coletividade

# AQUÁRIO

O signo de Aquário é regido pelo planeta Urano.

Exploro novos territórios e desenvolvo meu conhecimento e minha liberdade. Minha antevisão do futuro me permite inventar novas soluções. A participação em grupos humanitários propicia a propagação da prosperidade.

Quebro as antigas formas e elimino o que, interiormente, limita meu crescimento. Ergo-me acima das aparências externas. Minha visão abarca o Todo e meu pensamento é capaz de alterar as circunstâncias, planejando e criando o futuro. Penso antes de agir. Uso minha tenacidade e habilidade para construir um mundo de liberdade, originalidade, amizade e troca de conhecimentos. Baseio-me numa visão do mundo humanista, altruísta e cosmocentrada. Identifico-me com a Humanidade; sou cidadão do mundo.

AZ 11

Procedendo, na *sombra*, à maneira de ≈

- Baseando-me unicamente na mente para transformar a sociedade
- Lutando obsessivamente contra qualquer forma de poder
- Esquecendo as necessidades e dificuldades das pessoas
- Sendo insensível, sem compaixão
- Impondo meu próprio ponto de vista
- Tornando-me autoritário quando alcanço o poder
- Não colocando em prática em minha casa o que prego fora
- Esquecendo os ideais de liberdade, igualdade e fraternidade
- Perseguindo com crueldade os antigos companheiros
- Eliminando os que discordam
- Apegando-me a uma excentricidade provocadora
- Provocando isolamento em torno de minha individualidade exacerbada
- Temendo me relacionar de igual para igual
- Fugindo dos relacionamentos, isolando-me
- Tendo dificuldade de ouvir minha voz interior

- Tendo dificuldade de rever meus objetivos
- Alimentando expectativas rígidas
- Abdicando dos meus princípios para ser amado

**Procedendo, na *luz*, à maneira de** ≈≈

- Expressando-me de modo criativo em contexto coletivo
- Participando de grupos humanitários
- Mantendo uma visão do Todo
- Eliminando tudo que é inútil a meu aprimoramento
- Indo além das aparências
- Destruindo para reconstruir, inventando soluções mais adequadas
- Penetrando no conteúdo universal da condição humana
- Explorando novos territórios
- Desenvolvendo meus conhecimentos e compartilhando-os com outros
- Questionando minhas próprias experiências
- Antevendo o futuro
- Usando meu pensamento para criar o futuro desejado
- Pensando antes de agir
- Agindo com tenacidade e habilidade
- Construindo um mundo de liberdade, originalidade e amizade
- Desenvolvendo uma visão do mundo compassiva e cosmocentrada
- Sentindo-me um cidadão do mundo

AZ
11

## PEIXES

O signo de Peixes é regido pelo planeta Netuno.
Creio em meus sonhos e pressinto o caminho para transformá-los em realidade. Intuo a Unidade que abarca tudo que existe. Meu sentimento do mundo me leva a servi-lo. A prosperidade vem da sabedoria.
Tiro conhecimento e poder de minha fé no invisível e da crença que tudo é possível. Minha sensibilidade me dá o poder da percepção extra-sensorial e uso essa qualidade para aprofundar meu conhecimento da essência. Por minha capacidade de destruir formas antigas, atinjo a maestria sobre o mundo das formas-pensamento. Obedeço à estrutura maior das coisas. Ajo no microcosmo guiado por minha compreensão do macrocosmo; assim, tudo vai fluindo. Compreendo os sentimentos humanos. Trabalho anonimamente e com devoção em amplas organizações coletivas. Intuo como permanecer ligado à Fonte. Mostro o caminho da humildade e da sabedoria para que a conexão de todos os seres com o Universo seja, enfim, mais que um sonho.

Procedendo, na *sombra*, à maneira de ♓

- Acreditando em tudo indiscriminadamente
- Perdendo a identidade, a coesão interna
- Usando de substâncias para escapar da realidade e de minhas fraquezas
- Usando meus poderes extra-sensoriais para finalidades inferiores
- Recusando a disciplina, a perseverança e o trabalho prático
- Recusando-me a me sujeitar às limitações do mundo material
- Recusando-me a lutar por minha sobrevivência
- Vendo o mundo como algo chato
- Sentindo-me superior
- Isolando-me, marginalizando-me
- Criando expectativas exageradas
- Culpando o mundo pela dificuldade de concretizar meus sonhos
- Tornando-me cruel

- Eliminando indiscriminadamente
- Atraindo experiências dramáticas
- Sentindo-me vítima, mártir
- Carregando o peso dos pecados do mundo
- Esquecendo minha vida para cuidar de pessoas em situação dramática

**Procedendo, na *luz*, à maneira de ♓**

- Trabalhando anonimamente em amplas organizações coletivas
- Trabalhando com abnegação e devoção para servir à Humanidade
- Agindo no microcosmo a partir da compreensão do macrocosmo
- Dissolvendo fronteiras
- Destruindo o que não serve mais
- Amando o Universo e a Humanidade
- Recebendo a todos com Amor, humildade e compaixão
- Compreendendo os sentimentos humanos
- Doando parte de minha energia
- Acreditando em meus sonhos
- Pressentindo o caminho para transformá-los em realidade
- Tirando conhecimento e poder de minha fé no invisível
- Acreditando que tudo é possível
- Usando minha percepção extra-sensorial para conhecer a essência
- Buscando a maestria sobre o mundo das formas-pensamento
- Fluindo e deixando fluir com sabedoria
- Intuindo como permanecer ligado à Fonte
- Realizando na Terra o que idealizo

## UNIDADE ALÉM DA INDIVIDUALIDADE

Através da realização dos estados humanos no plano mental consigo manter-me no centro do meu ser onde ressoa a voz do meu Eu Superior. Ao longo de minhas encarnações experimentei as maneiras de ver e viver o mundo espelhadas por cada signo do Zodíaco. Tomo consciência do que aprendi a partir da vivência das várias expressões da sombra e da luz. Integro esse conhecimento e torno-me um ser completo. Uso a consciência da Unidade para dar início a um novo ciclo.

Experimento a possibilidade de morrer para a separação e renascer na Unidade. A cada encarnação, uma configuração celeste preside meu nascimento. Ela me oferece a oportunidade de ver e experimentar o mundo de uma maneira particular. A memória das experiências assim acumuladas amplia minha consciência como ser individual, social e universal. Fundo todos esses conhecimentos em uma única e sábia compreensão. Finalmente, morro para a antiga realidade e renasço num plano de existência além da individualidade, centrado no Amor e numa freqüência mais elevada de vibração.

### Procedendo, na *sombra*, à maneira de ☉

- Perdendo a conexão com a Essência Divina, a visão do Todo
- Esquecendo quem sou, qual a finalidade do meu Caminho
- Esquecendo minhas experiências
- Esquecendo a interdependência de tudo que existe
- Vivendo um individualismo exacerbado
- Segregando aqueles que são diferentes de mim
- Dissolvendo-me na inconsistência, na inconseqüência
- Prendendo-me a uma visão do mundo parcial e unilateral
- Prendendo-me à realidade específica que estou vivendo
- Negando outros aspectos da realidade
- Erguendo fronteiras e cultivando a separação e o medo
- Vivendo exclusivamente uma polaridade, negando a outra
- Recusando-me a acolher a sombra

- Vendo na morte um término
- Perpetuando o domínio do meu ego
- Sendo instável, extremista, rígido
- Sendo onipotente e arrogante
- Alimentando sentimentos e pensamentos destrutivos

**Procedendo, na *luz*, à maneira de** ☉

- Pressentindo minhas numerosas vivências
- Despertando e usando a lembrança de minhas experiências
- Usando o conhecimento dos doze signos do Zodíaco
- Alcançando a maestria sobre o plano mental
- Fundindo meus conhecimentos em uma sábia compreensão
- Acolhendo a sombra e a luz na segurança de meu coração
- Acolhendo processos de morte e renascimento
- Morrendo para a antiga realidade
- Renunciando às ilusões do mundo manifestado
- Renunciando às limitações do meu ego
- Transmutando os antigos conteúdos
- Transmutando minhas energias
- Expandindo minha consciência e minha fé
- Renascendo num plano de existência centrado no Amor
- Renascendo enquanto ser inteiro e completo
- Oferecendo ao Universo cada vez mais luz
- Iniciando um novo ciclo

AZ
13

# 4 - Textos dos símbolos da Família Amarela (AM)

## CONSCIÊNCIA

No presente, a Luz do entendimento irrompe em minha mente, inunda meu coração. Experimento a consciência a partir de todo meu ser. Amplio minha percepção do mundo e de como agir no mundo. Com minha inteligência intuitiva percebo a Essência na realidade manifestada, a Unidade na diversidade, as relações entre as coisas, idéias e acontecimentos; percebo a extensão da realidade e as Leis Cósmicas. Reconheço minha humanidade, minha divindade e o sentido de meu Caminho. Em meio aos jogos da sombra e da luz mantenho-me desperto. Estabeleço pontes entre os domínios inferiores e superiores de minha consciência.

Minha inteligência intuitiva desperta. O entendimento nascido de minhas experiências passadas rasga o véu do esquecimento. As ilusões, decorrentes da única percepção da realidade concreta e das interpretações mentais limitadas que formulo a respeito dela, se dissolvem. Enxergo as lições contidas nas experiências que o presente me traz. Percebo a Presença Divina que vibra dentro e fora de mim. Sinto a existência de mundos diferentes, de mundos invisíveis, ao mesmo tempo próximos e distantes. Sei que o poder de ultrapassar a separação está dentro de mim.

### Vivo, integro e deixo ir a *sombra* do propósito

- Não sei quem sou, não vejo sentido nas coisas
- Sinto-me estranho a tudo
- Entrego-me à preguiça mental
- Evito questionar as coisas
- Só tomo conhecimento das coisas através de sua aparência
- Recuso-me a investigar além das fronteiras que conheço
- Evito vivenciar a sombra, dentro e fora de mim
- Vejo-me, ou o grupo ao qual pertenço, como o centro do Universo

- Julgo pessoas e acontecimentos
- Acumulo energias destrutivas sem perceber
- Sinto-me vítima da fatalidade e lamento-me frente às dificuldades
- Não quero entender o que me acontece
- Ajo de maneira destrutiva sem perceber
- Vivo repetindo as mesmas ações e atitudes destrutivas
- Esqueço as lições de minhas experiências
- Deixo-me absorver pelo excesso de atividades e informações
- Deixo-me manipular
- Manipulo informações e pessoas

**Alcanço, na luz, o propósito**

- Mantenho-me desperto, conectado à Fonte
- Desperto, uso e amplio minha consciência
- Busco conhecer a mim mesmo, minha sombra e minha luz
- Observo, a cada momento e sem julgar, o que acontece dentro e fora de mim
- Discirno os ensinamentos contidos em minhas experiências
- Reconheço as mensagens do Universo
- Percebo a relação entre o macrocosmo e o microcosmo
- Dissolvo as fronteiras e percebo a Essência além da aparência
- Desenvolvo minha capacidade mental e minha sensibilidade
- Uso minha inteligência intuitiva
- Aprofundo e amplio meu conhecimento
- Abro-me a um entendimento para além dos limites do tempo e do espaço
- Abro meu coração e todo meu ser aos insights
- Percebo a Presença Divina em mim e em cada ser
- Faço escolhas guiado por minha consciência
- Discirno a maneira correta de agir a cada momento
- Ajo por escolha consciente em vez de reagir
- Aceito os novos desafios e a responsabilidade que a consciência traz

## PODER INTERIOR

Mantenho-me conectado ao Poder que tudo cria. Dirijo minha atenção até onde, adormecido, está meu poder. Consulto a sabedoria gravada em minha memória. Busco explicações e soluções dentro de mim. Meu Caminho está em minhas mãos. Encontro em mim o poder de perceber, de querer, de modificar, de realizar; depende de mim usá-lo. Resgato o poder que esqueci e que perdi.

Meu poder encontra suas raízes em minha Essência Divina. Cuido dos meus corpos, mantenho a energia vital circulando harmoniosamente, liberto-me dos meus apegos. Faço meu ego colaborar com minha mente, sob a orientação do meu Eu Superior. Escuto minha intuição. Fortaleço-me tanto na quietude quanto na ação centrada. Retomo, com firmeza e elegância, cada parcela do poder que entreguei nas mãos de outras pessoas. Uso meu poder interior para transmutar e integrar o que não serve mais. Uso-o para construir o presente e o futuro que conduzem a meu Propósito e para colaborar de maneira construtiva com o Universo.

### Vivo, integro e deixo ir a *sombra* do propósito

- Ignoro minha Essência Divina e permaneço fora do meu centro
- Não me amo, não confio em mim
- Deixo-me controlar pelas vozes conflitantes do meu ego
- Não percebo ou não valorizo minhas qualidades
- Acho que não posso escolher, criar nem modificar nada
- Recorro sistematicamente a "alimentos" e ações destrutivas
- Retenho emoções e sentimentos destrutivos
- Cultivo pensamentos e crenças destrutivas
- Disperso, desperdiço ou esgoto minhas energias
- Não uso minha força de vontade nem minha coragem
- Não consigo manter uma disciplina
- Não me lembro do que já aprendi
- Uso meu poder de maneira destrutiva

- Delego aos outros as decisões sobre minha vida
- Submeto-me a crenças e poderes externos
- Busco um responsável ou um culpado externo
- Tenho pena de mim e dos outros
- Deixo que as pessoas tenham pena de mim

**Alcanço, na *luz*, o propósito** ↯

- Mantenho-me conectado ao Poder que tudo cria
- Amo a mim mesmo e confio em minha capacidade de me aprimorar
- Reconheço em mim a Essência Divina
- Permito o trabalho integrado dos meus vários *eus*
- Integro, em meu coração, minha sombra e minha luz
- Mantenho a circulação harmoniosa de minha energia vital
- Realizo em mim uma constante limpeza em todos os planos
- Desfaço os bloqueios, em todos os planos
- Mantenho a quietude, a interiorização, o centramento
- Mobilizo minha vontade e uso-a para libertar-me de minhas limitações
- Escolho meus pensamentos e controlo meus desejos
- Resgato a memória do que aprendi
- Resgato o poder que entreguei a outros
- Mantenho minha integridade
- Resguardo-me quando necessário, fortaleço-me sempre
- Volto a centrar-me em meu coração a cada momento
- Uso meu poder a favor da vida e do aprimoramento
- Amo os outros seres e confio em sua capacidade de se aprimorar

AM 2

# VONTADE

Mobilizo e expresso a voz de minha vontade que é a vontade do meu Eu Superior. Frente às limitações e desafios, internos e externos, respondo com minha força de vontade. Minha vontade mantém em movimento meu aperfeiçoamento. Encontro a maneira adequada de fazer respeitar minha individualidade e minha integridade. Expresso minhas necessidades, meus limites e minhas intenções. Afirmo meu Propósito e reuno condições para realizá-lo. Levo em conta os dados da realidade e as vontades dos meus companheiros de estrada. Atraio a colaboração do Universo.

Discirno entre a vontade do meu Eu Superior e as vontades do meu ego. Em meio aos chamados do mundo material e às ilusões dos mundos intermediários, mantenho firme a vontade de me conhecer, de me aprimorar e de alcançar meu Propósito. Tenho consciência que meu aprimoramento está em minhas mãos. A vontade, que vibra dentro de mim, é a alavanca de minhas modificações e de minhas realizações. Mobilizo-a e encontro força para fazer o que me cabe, da melhor maneira possível, atraindo assim sincronicidades.

AM 3

Vivo, integro e deixo ir a *sombra* do propósito

- Deixo-me levar pelos desejos do meu ego
- Gasto tempo e energia para tentar realizar minhas fantasias
- Desisto de minhas vontades essenciais por preguiça ou comodismo
- Abandono minhas vontades essenciais frente às dificuldades
- Deixo os acontecimentos e circunstâncias me tirarem do meu centro
- Submeto-me a vontades externas
- Fico paralisado por desejos conflitantes, por querer tudo
- Fico disperso, indeciso, temeroso ou apático
- Fico preso às polaridades, não consigo voltar para meu centro
- Encontro sempre justificativas quando não faço o que devo fazer
- Desconheço meus objetivos, necessidades e limites
- Não consigo expressar o que quero nem o que não quero

- Não assumo as conseqüências de minhas escolhas
- Ajo compulsivamente em busca de uma satisfação imediata
- Temo impor limites e deixo-me invadir; temo conflitos
- Crio expectativas e frustrações em relação a mim e aos outros
- Desconsidero e manipulo as vontades alheias

**Alcanço, na *luz*, o propósito** ⚹

- Faço escolhas guiado por meu Eu Superior; ouço minha inteligência intuitiva
- Mantenho firme a vontade de me conhecer e de me aprimorar
- Empenho-me com disciplina nas necessárias modificações do meu ser
- Moldo a vontade do meu ego a meu Propósito e à realidade do momento
- Expresso minha vontade, consciente de minha responsabilidade
- Descubro o que desejo verdadeiramente e o que me realiza
- Busco realizar meus sonhos, minha Essência
- Sei que minha realidade se constrói em grande parte a partir do que quero
- Formulo e expresso minhas intenções, necessidades e limites
- Liberto-me dos bloqueios e apegos em todos os planos
- Escolho as crenças que me motivam em meu aprimoramento
- Aprimoro minhas referências
- Mantenho-me fiel a minha verdade interior apesar das provações
- Faço da melhor maneira o que me cabe fazer
- Volto para meu centro após cada vivência
- Garanto minha integridade e enfrento conflitos se necessário
- Procuro respeitar as vontades e necessidades alheias
- Busco solucionar os conflitos a partir de meu centro

AM 3

## CLAREZA

A sábia voz do meu Eu Superior ressoa em meu coração e traz Luz aos olhos de minha mente. Discirno além das ilusões e manipulações, internas e externas. A partir do meu centro, enxergo os ensinamentos contidos no passado, antevejo o futuro e sei o que fazer agora. Enxergo na sombra e na luz e reconheço meu Propósito e meu Caminho. Desenvolvo e uso minha inteligência intuitiva; amplio meus conhecimentos teóricos e práticos. Peço orientação a meus guias espirituais e percebo os sinais do Universo. Sei que meu maior recurso é a conexão que mantenho com a Fonte e com as vibrações do Amor Incondicional.

Tenho claro os princípios que me guiam, as crenças que são minhas referências. Em cada acontecimento considero vários pontos de vista. Projeto mentalmente minhas escolhas no futuro, sinto e analiso suas implicações. Percebo as relações entre as coisas, a harmonia do Todo. Vejo que meu futuro está intimamente ligado ao futuro de todos os outros seres. Para contribuir com o amadurecimento da Humanidade, cuido de meu aprimoramento. Sou claro na expressão de minhas intenções, em meus pedidos de ajuda e nos contratos que estabeleço com as pessoas.

### Vivo, integro e deixo ir a *sombra* do propósito

- Não vejo sentido nas coisas nem relações entre elas
- Desconsidero os sinais e as orientações, internos e externos
- Fico preso às aparências, às ilusões, aos jogos do ego
- Temo olhar para minha sombra
- Mudo constantemente de idéias, de objetivos
- Sou desorganizado, confuso e indeciso
- Não sei quais são minhas qualidades nem meus limites
- Não sei o que quero nem o que devo fazer
- Deixo minha mente e meus sentidos se embotarem
- Tenho uma visão sectária, preconcebida
- Só enxergo os caminhos conhecidos e nunca questiono nada

- Crio expectativas por não enxergar os limites da situação
- Corro riscos desnecessários por não enxergar os perigos
- Expresso-me e ajo com ambigüidade
- Faço contratos imprecisos, quando faço
- Dou margem à manipulações
- Não percebo as conseqüências de minhas ações destrutivas para o futuro
- Uso minha perspicácia para ferir as pessoas ou para obter vantagens

**Alcanço, na luz, o propósito ♀**

- Mantenho-me conectado a meu Eu Superior; ele me traz Luz
- Tenho coragem de olhar para minhas sombras
- Aprimoro meus sentidos, minha capacidade mental e minha sensibilidade
- Uso construtivamente minha perspicácia, meu discernimento
- Defino minhas crenças, conceitos e critérios
- Seleciono, organizo e analiso as informações
- Percebo o que é possível e o que não é, os limites e perigos
- Faço contratos claros, formulo pedidos claros
- Busco a simplicidade em meio à confusão ou à complexidade
- Ouço outras opiniões, enxergo novos dados, novas soluções
- Revejo minhas crenças, conceito e critérios
- Harmonizo minha compreensão e minhas ações
- Ajo a partir do meu centro, de minha inteligência intuitiva
- Sigo o caminho iluminado da sincronicidade
- Amplio o campo de meu entendimento a cada passo do meu aprimoramento
- Exponho minha autenticidade, quando é possível
- Sei quem sou, o que quero e o que devo fazer agora
- Ilumino o que há de melhor em mim e nos outros

AM 4

## REALIZAÇÃO

Realizo em mim os estados humanos que pertencem aos planos físico-etérico, emocional e mental. Expresso, da melhor maneira, as qualidades e os conhecimentos que me tornam um ser especial para o Universo. No fluxo da vida, trago para o plano concreto o que elaborei no plano mental. Dou forma e estrutura aos desejos que espelham minha Essência, sejam eles simples ou elaborados, de alcance pessoal ou coletivo. Sou co-criador do presente e do futuro e, em cada atividade, expresso a prosperidade. Ao realizar meu Propósito dou sentido à minha vida.

Com empenho constante realizo meu potencial humano em sua totalidade. Cuido para evitar ou sanar qualquer desequilíbrio, qualquer desarmonia. Integro, no centro do meu ser, todas as possibilidades que meu potencial oferece, das mais inferiores às mais elevadas. Percorro, passo a passo, o Caminho que me conduz da realização dos planos físico-etérico, emocional e mental à realização do plano espiritual. Torno-me cada vez menos dependente das condições e necessidades e das manifestações exteriores.

**AM 5**

Vivo, integro e deixo ir a *sombra* do propósito ⬇

- Não ouso seguir meu Caminho
- Apego-me às escolhas dos meus *euzinhos*
- Apego-me a uma situação, um sentimento, uma idéia
- Submeto-me a pressões externas
- Apego-me ao mundo das idéias, dos sonhos
- Desisto frente às dificuldades
- Quero alcançar imediatamente e sem esforço grandes realizações
- Disperso e desperdiço minhas energias, qualidades e recursos
- Ignoro a realidade quando defino minhas intenções
- Adio decisões e ações, deixo passar as oportunidades
- Espero que outros façam o que eu deveria fazer
- Tenho sempre boas desculpas para não fazer o que me cabe

- Saboto os últimos passos ou o resultado final
- Desprezo as pequenas realizações
- Busco um culpado externo pela ausência de resultado
- Guardo para mim todos os frutos de minhas realizações
- Apego-me a minhas criações no plano físico
- Vivo na frustração, torno-me estéril, alimento a escassez

**Alcanço, na *luz*, o propósito** ⬇

- Mantenho o controle sobre meu ego
- Escolho conscientemente minhas crenças, pensamentos, falas e ações
- Faço o que é necessário à realização de minha Essência
- Atendo ao chamado de minha voz interior; realizo minha vocação
- Realizo meu potencial humano em sua integralidade
- Empenho-me para alcançar cada grau de realização
- Peço a colaboração do Universo e faço minha parte
- Respondo às oportunidades que o Universo me apresenta
- Centro minha atenção em cada atividade
- Expresso da melhor maneira minhas qualidades e meus conhecimentos
- Faço da melhor maneira o que me cabe fazer
- Restauro, em mim, o equilíbrio e a harmonia
- Colho os resultados do que plantei
- Desfruto o sucesso com simplicidade e humildade
- Liberto minha criação e preparo-me para prosseguir
- Valorizo as pequenas e grandes realizações
- Realizo o Propósito de minha vida
- Preparo-me para realizar a espiritualidade em mim

AM 5

# APRIMORAMENTO

Vejo, em cada experiência, uma oportunidade de aperfeiçoar-me. Entendo as mensagens contidas em cada acontecimento. Estou no presente, inteiro e disponível. Enfrento os desafios sabendo que, ao longo das encarnações, preciso alcançar a maestria sobre as diversas energias, na sombra e na luz. Sigo o longo caminho do aprimoramento. Sigo a orientação de meu mestre interior e dos mestres verdadeiros. Faço do tempo meu aliado. Após cada experiência, volto a centrar-me e experimento a unidade e a cura.

No presente, tiro proveito de cada experiência, seja ela banal ou extraordinária, agradável ou penosa. Observo o passado. Coloco em prática os conhecimentos adquiridos. Elimino o que não serve mais. Modifico o que é necessário. Repito o que preciso aprender, até a integração. Vivencio os aspectos complementares da sombra e da luz. Quando estou preso à sombra posso, a qualquer momento e por minha vontade, retomar a caminhada. Em cada plano de existência aprimoro meus conhecimentos, minha prática, meus objetivos, minhas realizações.

**AM 6**

Vivo, integro e deixo ir a *sombra* do propósito ⬆

- Acho que já sei tudo
- Quero unicamente resultados concretos e imediatos
- Quero viver somente coisas agradáveis
- Revolto-me contra os acontecimentos desagradáveis ou dolorosos
- Desprezo as atividades simples
- Tenho preguiça, tédio ou medo de repetir o que já conheço
- Recuso-me a fazer qualquer tipo de esforço
- Evito fazer escolhas, tomar decisões, correr riscos
- Fujo dos desafios, dos novos conhecimentos, das novas experiências
- Evito agir por medo das dificuldades ou por medo de errar
- Desperdiço meus conhecimentos, minhas qualidades
- Não aplico o que sei em minha vida

- Repito, sem proveito, as experiências do passado
- Não assimilo o que vivo
- Busco, fora de mim, um culpado para minha estagnação
- Fico irritado com a lentidão ou a estagnação dos outros
- Sinto-me angustiado frente a amplitude da tarefa
- Protejo excessivamente as pessoas que amo

**Alcanço, na luz, o propósito** ⬆

- Dou prioridade em minha vida a meu aprimoramento
- Busco a maestria sobre a sombra e sobre a luz
- Vejo cada acontecimento como uma oportunidade de amadurecer
- Vivencio as várias maneiras de ver e de viver o mundo
- Relembro as energias que já conheço, acolho aquelas que ainda não conheço
- Aceito as experiências com sua sombra e sua luz
- Repito as experiências, com paciência, até integrá-las
- Aprendo com rapidez minhas lições
- Integro o conhecimento que cada nova experiência traz
- Liberto-me da sombra com o auxílio de minha vontade
- Liberto o que me prende ao passado, em todos os planos
- Coloco em prática meus conhecimentos teóricos
- Uso minhas qualidades e aprimoro meus conhecimentos e minha prática
- Busco fazer o que me cabe da melhor maneira
- Prossigo em meu Caminho, com o esforço necessário, fiel a meu Propósito
- Após cada experiência volto a centrar-me em meu coração
- No centro, experimento a unidade e a cura
- Lembro que somos todos seres em permanente aprendizado

AM 6

## AGILIDADE · FLEXIBILIDADE

Após viver profundamente, e por vezes demoradamente, a experiência das polaridades, necessária à formação de minha individualidade, liberto-me de seu magnetismo. Rompo hábitos nefastos arraigados, dissolvo comportamentos e crenças cristalizadas. Movendo-me livremente entre as polaridades, dou respostas rápidas e criativas aos novos desafios. Adapto-me com flexibilidade às novas situações. Após integrar cada experiência volto ao centro do meu ser e retomo o Caminho de meu aprimoramento.

Libero o que me prende ao passado, assim torno-me mais leve. Solto a rigidez em todos os planos e faço circular as energias. Equilibro as polaridades, dentro e fora de mim. Passo a mover-me entre elas, com rapidez e agilidade. A cada passagem, busco o centro e experimento a serenidade e a cura. Experimento, com minha respiração, a dança rítmica e incessante das polaridades. Em mim, restabeleço o equilíbrio em todos os planos para poder prosseguir no desenvolvimento harmonioso e completo das possibilidades superiores do meu ser.

Vivo, integro e deixo ir a *sombra* do propósito

- Apego-me às polaridades, valorizo unicamente os extremos
- Temo perder minha identidade se eu mudar
- Temo perder meu conforto
- Vivo na rigidez física, emocional e mental
- Vivo na estagnação, não vejo soluções para meus problemas
- Resisto ao chamado de meu Propósito, ao fluxo da vida
- Agito-me tanto que não dou espaço à minha voz interior
- Ignoro as mensagens do Universo
- Vejo no Caminho do Meio uma perspectiva medíocre e tediosa
- Não consigo livrar-me do que não serve mais
- Acumulo tantas coisas que não consigo mover-me
- Alimento o desequilíbrio e a desarmonia

- Não percebo que repito padrões, que alimento círculos viciosos
- Temo o que não conheço; temo correr riscos
- Ajo apressadamente, fora de hora
- Não dou tempo ao amadurecimento nem à colheita
- Reforço, nos outros, a rigidez e o medo
- Reforço, nos outros a atuação dos *euzinhos*

**Alcanço, na luz, o propósito** ⊖

- Sigo o fluxo da vida, guiado por meu Eu Superior
- Restauro em mim o equilíbrio e a harmonia
- Liberto-me do magnetismo das polaridades
- Desapego-me das exigências do meu ego
- Desloco-me livremente entre a sombra e a luz
- Sou ágil e flexível nos planos físico-etérico, emocional e mental
- Realizo limpezas em todos os planos
- Revejo meus sentimentos e crenças
- Mudo padrões destrutivos de comportamento
- Aprendo com todas as vivências
- Assimilo rapidamente minhas experiências
- Recupero-me com rapidez dos traumas em todos os planos
- Enfrento novos desafios, encontro novas soluções
- Busco solucionar os problemas tão logo aparecem
- Adapto-me rapidamente às novas situações
- Vivencio, no centro, a serenidade e a cura
- Torno-me mais saudável, mais criativo, mais próspero
- Lembro que somos seres em permanente modificação

AM 7

## FIRMEZA

Subo passo a passo até o cume de minha montanha, até a realização de meu Propósito. A cada vivência integrada e liberada torno-me mais leve, enxergo um horizonte cada vez mais amplo. Minha confiança nas Leis do Universo e na força de minha Essência Divina é cada dia mais forte. Quando o medo ou a desânimo me invadem, é no meu coração que procuro e encontro alento. Na escuridão é minha inteligência intuitiva que me guia. Na busca da realização espiritual, a sombra é a aliada da luz.

Vejo a vida como provedora de oportunidades para meu aprimoramento e, guiado pela voz de meu coração, permaneço no Caminho de meu Propósito. No coração da noite busco a Luz, em mim. Sei que após a noite vem o dia. Frente a uma experiência penosa, ou quando um ciclo chega ao fim, junto minhas forças, mobilizo minha vontade, libero o que não serve mais e retomo a caminhada. Após cada desafio prossigo com paciência, coragem e determinação em direção à realização do meu potencial máximo. Morro para realidades que bloqueiam meu aprimoramento e renasço quantas vezes forem necessárias.

**AM 8**

**Vivo, integro e deixo ir a *sombra* do propósito △**

- ◆ Esmoreço sob o peso dos meus apegos
- ◆ Fico atolado em ações, atitudes, sentimentos ou idéias negativas
- ◆ Afundo cada vez mais nas dificuldades
- ◆ Apego-me a pontos de vista limitados, sectários
- ◆ Sinto-me perdido na escuridão
- ◆ Sinto-me perseguido pelas dificuldades, vítima do destino
- ◆ Perco a coragem, a confiança e a esperança
- ◆ Não encontro soluções nem vejo saídas para nada
- ◆ Ignoro os sinais do Universo
- ◆ Desespero-me e agito-me, encobrindo a voz de meu coração
- ◆ Lamento-me em vez de fazer o que devo fazer

- Insisto nas escolhas do meu ego
- Faço sempre o mínimo de esforço possível
- Deixo-me desesperar por qualquer mudança
- Busco luz e orientação unicamente fora de mim
- Tenho pena de mim e dos outros
- Não consigo entender as dificuldades e o sofrimento alheios
- Alimento o pessimismo em mim e nos outros

**Alcanço, na *luz*, o propósito** △

- Desço nas profundezas do meu ser para enfrentar minhas sombras
- Na escuridão sigo minha bússola interna para me orientar
- Aquieto-me para ouvir minha inteligência intuitiva
- Libero o que bloqueia meu aprimoramento
- Amplio meu horizonte a cada vivência integrada e liberada
- Mobilizo minha força de vontade e minha paciência para enfrentar os desafios
- Encontro, em mim, a renovação de minha fé e confiança
- Enxergo a Essência além das aparências, a Luz após a escuridão
- Aprendo com cada acontecimento
- Dissolvo as tensões que acompanham as mudanças
- Faço o que precisa ser feito e encontro soluções para as dificuldades
- Espero, quando é preciso, a dissipação das dificuldades externas
- Mantenho-me desperto e uso meu recolhimento de maneira produtiva
- Integro cada acontecimento e liberto-o
- Busco a realização de meu potencial máximo
- Subo até o cume de minha montanha onde realizo meu Propósito
- Torno-me fonte de Luz
- Compreendo o sofrimento alheio a partir do meu sofrimento

AM 8

## GOVERNO

Ajo a partir da convicção que nasce de minha essência. Escolho conscientemente a maneira de responder aos eventos e situações que surgem em meu Caminho. Para realizar meu Propósito, confio em minha capacidade de ler os indícios que mostram o Caminho, e de navegar em meio às condições do momento; confio em minha inteligência intuitiva. Uso minhas qualidades e meus recursos de maneira criativa e construtiva. Uso meu poder interior para administrar o que depende de mim. Adapto-me com flexibilidade ao que foge de meu alcance. Mantenho-me em meu centro sem me prender aos acontecimentos nem a seus resultados.

Quando assumo uma posição de comando, lembro que todos os seres têm a mesma Essência Divina. Busco orientação junto àqueles que têm mais experiência do que eu; busco ajuda junto àqueles que possuem os conhecimentos que me faltam. Dou apoio a mim mesmo e a meus aliados. Aprendo com meus inimigos a respeito de minha sombra. Respeito a autonomia alheia. Sou generoso, compassivo e leal. Procuro manter-me livre e independente. Equilibro as relações de poder que existem em todos os meus relacionamentos.

**AM 9**

### Vivo, integro e deixo ir a *sombra* do propósito (·)

- Submeto-me às vontades dos meus *euzinhos*
- Não tomo conhecimento das expressões do meu Eu Superior
- Ignoro os sinais que a vida coloca em meu Caminho
- Submeto-me continuamente às decisões de outras pessoas
- Permaneço apegado a minhas sombras
- Não assumo o que, no processo de meu aprimoramento, depende de mim
- Revolto-me contra coisas que não podem ser mudadas
- Desperdiço minhas qualidades e recursos
- Dou valor unicamente às aparências, às opiniões das outras pessoas
- Empenho minhas energias e meu tempo em questões secundárias

- Perco o rumo, o sentido da vida
- Programo tudo e não admito mudar minhas programações
- Evito fazer o que me cabe
- Alimento preocupações e ansiedades
- Acho que meu ponto de vista é o único válido
- Abuso do meu poder
- Invado, manipulo e controlo a vida alheia
- Não respeito os acordos que faço

**Alcanço, na *luz*, o propósito (•)**

- Tomo decisões a partir da convicção que nasce de minha Essência
- Sou mestre de mim mesmo
- Governo as vontades e desejos do meu ego
- Confio na Luz, em mim e fora de mim, para me guiar
- Retomo o poder que entreguei a outros
- Aprimoro o que depende de mim e adapto-me ao que foge de meu alcance
- Controlo meus pensamentos, falas e ações
- Uso e desenvolvo minhas qualidades e meus recursos, em todos os níveis
- Procuro sanear minhas fraquezas
- Recorro à ajuda dos mais sábios e experientes
- Coloco em prática minhas crenças
- Faço, no presente e da melhor maneira, o que me cabe fazer
- Assumo a responsabilidade por minhas escolhas
- Faço bom uso das oportunidades que o Universo me apresenta
- Abro mão do controle sobre os acontecimentos e seus resultados
- Abro mão dos meus apegos para poder seguir meu Caminho
- Equilibro as relações de poder em todos os meus relacionamentos
- Respeito as escolhas das outras pessoas

## COLABORAÇÃO

Colaboro com meu aprimoramento. Faço meus *euzinhos* e minha mente colaborarem entre si e com meu Eu Superior. Dou apoio ao aprimoramento dos seres que fazem parte do meu Caminho. Equilibro as relações de poder que existem em todos os meus relacionamentos. Vejo nos seres humanos, companheiros de viagem. Sei que somos interdependentes e que temos a mesma Essência Divina.

Somo minhas qualidades e meus esforços às qualidades e aos esforços alheios para que nossos objetivos comuns sejam atingidos com maior rapidez e eficácia. Uso meus talentos particulares para enriquecer as realizações das quais participo. Aprendo com aqueles que cruzam meu Caminho e que me mostram sua sombra e sua luz. Recebo apoio daqueles que se dispõem a me dar. Mostro, àqueles que fazem parte do meu Caminho, minha sombra e minha luz e dou meu apoio àqueles que se dispõem a recebê-lo. Acompanho com compreensão, paciência e confiança o caminhar dos que me são próximos. Ao cuidar de meu aprimoramento, torno minha vida, e a dos meus companheiros de estrada, mais próspera e serena.

**AM 10**

Vivo, integro e deixo ir a *sombra* do propósito

- Saboto a comunicação com meu Eu Superior
- Deixo meus *euzinhos* brigarem entre si e com minha mente
- Revolto-me contra as experiências de sombra
- Apego-me às sombras que já conheço
- Não consigo repetir as experiências de luz
- Nego a mim mesmo e aos outros Amor e confiança
- Reforço em mim e nos outros o medo, a magoa e o ressentimento
- Reforço em mim e nos outros o envolvimento com ocupações mundanas
- Alimento a dependência entre eu e os outros seres
- Fujo do convívio dos humanos
- Acabo não fazendo, ou fazendo mal, a parte que me cabe

- Só penso em meus interesses e necessidades
- Acho que as pessoas têm obrigação de me ajudar
- Retenho minhas energias e uso as dos outros
- Acho-me superior aos outros e desprezo-os
- Alimento os jogos de poder, interna e externamente
- Associo-me a pessoas envolvidas com a sombra
- Emito, o tempo todo, vibrações negativas

**Alcanço, na *luz,* o propósito** ⌒

- Colaboro com meu aprimoramento e com a realização de meu Propósito
- Faço meu ego e minha mente colaborar com meu Eu Superior
- Acolho as experiências de sombra que ainda preciso trabalhar
- Libero as experiências de sombra que já conheço
- Repito conscientemente as experiências de luz
- Apoio os outros seres em seu aprimoramento
- Recebo apoio de outros seres em meu aprimoramento
- Aprendo com àqueles que me mostram sua sombra e sua luz
- Mostro às outras pessoas minha sombra e minha luz
- Procuro unir meus passos aos de pessoas confiáveis
- Reconheço a interdependência dos seres
- Peço ajuda aos outros e ao Universo quando preciso
- Contribuo ao Todo com minhas qualidades e habilidades particulares
- Valorizo as qualidades e habilidades de todos os seres
- Compartilho minhas energias mantendo minha integridade
- Expresso minha gratidão pela ajuda recebida
- Assumo a parte de responsabilidade que me cabe
- Emito vibrações positivas a favor do Todo

## ENCONTROS

Enxergo além do véu da matéria, além da sedução dos meus *euzinhos* e de minha mente e encontro com meu Mestre interior, com a Essência Divina que existe em mim. Dedico-me ao que me cabe fazer e atraio encontros significativos. Por manter-me em meu centro, encontro-me, na vida, no lugar certo, na hora certa. Surgem em meu caminho os meios necessários à realização de meu Propósito. Reconheço as portas que podem me conduzir além dos meus limites atuais e transponho-as.

Em meu coração identifico os seres que, há tempo, conheço. Ajudamo-nos espelhando nossa sombra e nossa luz. A cada encontro, supero dificuldades antigas; ajo seguindo a sábia voz de meu coração e os princípios da aceitação, do perdão e do Amor Incondicional. Ofereço pensamentos de Luz, Amor e confiança a todos os seres que fazem parte do meu caminho, a começar por todos os meus antepassados, presentes em mim, e a todos os seres, deste e dos outros planos, com quem encontrarei um dia no seio do Ser Uno.

**Vivo, integro e deixo ir a *sombra* do propósito**

- Não consigo integrar os diversos elementos do meu ser
- Identifico-me com um elemento inferior do meu ser
- Identifico-me com um elemento inferior de outro ser
- Perco minha integridade, minha identidade
- Sinto-me continuamente um estranho em terra estranha
- Desprezo e ignoro os outros seres humanos
- Alimento o medo e mantenho-me afastado de todos
- Não reconheço a Essência Divina nos outros seres
- Não vejo sentido, em tempo, nos encontros que faço
- Fico furioso quando alguém espelha minha sombra
- Preciso de multidões para não me sentir só
- Vivo na expectativa de um encontro que satisfaça meu ego
- Não consigo encontrar as respostas que procuro

- Esqueço de procurar em mim, em meu centro
- Apego-me aos encontros que faço ou então anulo-os
- Repito sistematicamente antigas histórias
- Busco desesperadamente encontros em outros planos de existência
- Desprezo e ignoro os outros planos de existência

**Alcanço, na *luz*, o propósito** ○

- Integro todos os elementos de meu ser
- Encontro meu Mestre interior, a Presença Divina em mim
- Reconheço, além das aparências, os seres que fazem parte de meu Caminho
- Reencontro seres que conheci em outras vidas, em outros planos de existência
- Nós nos ajudamos espelhando nossa sombra e nossa luz
- Nós nos ajudamos a solucionar velhos problemas
- Nós nos ajudamos a avançar em direção a nossos Propósitos
- Atraio novos encontros significativos
- Propicio encontros significativos
- Reconheço a Essência Divina em cada ser humano
- Mantenho-me centrado em meu coração
- Faço o que é de minha responsabilidade
- Encontro-me no lugar certo, na hora certa
- Encontro o Caminho da realização de meu Propósito
- Ofereço Luz e confiança a todos os seres que fazem parte de meu Caminho, a começar por meus antepassados
- Peço-lhes sua compreensão e seu perdão
- Ofereço-lhes minha compreensão e meu perdão
- Ofereço Luz e confiança aos seres de outros planos e de outros horizontes

AM
11

## SERVIÇO

Estou a serviço do Todo e, com a proteção e a ajuda dos seres que me inspiram, vivo o que preciso viver, aprendo com rapidez minhas lições, venço meus desafios, realizo meu Propósito, realizo a Prosperidade e ofereço ao mundo cada vez mais Luz. Realizo cada atividade com a devoção devida ao sagrado. Relaciono-me com cada ser a partir da Essência Divina que reside em seu coração. Abro-me em compaixão a todas as formas de vida. Amor Incondicional e compaixão, unindo-se em meu ser, fazem brotar, em sua ação, o serviço.

Sirvo ao divino em toda ocasião: em cada atividade, em cada ação, no meu relacionamento com cada ser. Minhas qualidades, habilidades e conhecimentos estão a serviço da vida. Dôo aos outros seres parte de minha energia, conservando minha integridade e meu poder interior e respeitando sua integridade e seu poder interior. Empenho-me em fazer da melhor maneira o que me cabe fazer em relação a mim mesmo, aos outros e ao meio onde vivo. Ofereço pensamentos de Luz, Amor e confiança a todos os seres.

### Vivo, integro e deixo ir a *sombra* do propósito

**AM 12**

- Estou a serviço da expressão da sombra em mim
- Estou a serviço da expressão da sombra na sociedade
- Não percebo que alimento a sombra
- Desprezo o trabalho interior e o trabalho anônimo
- Submeto-me cegamente às exigências do sistema vigente
- Submeto-me cegamente às exigências de outras pessoas
- Sacrifico-me por idéias que pertencem a outros
- Sirvo a outras pessoas porque sinto pena delas
- Ajudo os outros porque não confio em seu poder interior
- Mantenho as pessoas numa situação de dependência
- Alimento nas pessoas um sentimento de inferioridade
- Dôo de mim para melhorar minha consciência, minha imagem social
- Quero mudar o mundo através unicamente de ações externas

- Alimento exclusivamente ações, sentimentos e idéias negativas
- Apego-me a resultados e expectativas
- Alimento cobranças e frustrações
- Cobro dos outros uma atitude igual a minha
- Quero ser servido por todos

**Alcanço, na *luz*, o propósito**

- Estou a serviço do Todo
- Sei que a realização de minha Essência é importante para o Todo
- Empenho-me com toda minha força na realização de minha Essência
- Restabeleço o sagrado em minha vida
- Faço, com serenidade e devoção, o que devo fazer
- Sirvo a meu Eu Superior e realizo meu Propósito
- Sirvo à Essência Divina em tudo que faço
- Sirvo à Essência Divina em minha relação com cada ser
- Sirvo ao Todo, de onde estou
- Reverencio a Essência Divina em todas as formas de vida
- Ofereço ao mundo cada vez mais Luz
- Ofereço pensamentos de Luz, Amor e confiança a todos os seres
- Crio um contexto favorável ao aprimoramento alheio
- Encorajo cada ser a seguir seu próprio Caminho
- Encorajo cada ser a dar os passos necessários a seu aprimoramento
- Desapego-me dos resultados de minhas ações
- Desapego-me das expectativas de retorno
- Respeito minha integridade e meus limites

AM 12

## ENTREGA

Após a realização dos estados humanos nos planos físico-etérico, emocional e mental, elevo-me a partir do centro do meu ser e realizo o plano espiritual. Livre do meu ego, alcanço o conhecimento dos planos superiores e a união com a Unidade. Deixo o Universo agir através de mim e faço minha parte usando minhas qualidades e dons particulares. Renasço no Amor Incondicional, além da individualidade, além dos jogos da sombra e da luz. Liberto-me dos estados de condições e necessidades.

Ao criar algo especial ou cumprir uma simples tarefa, entrego-me à atividade no momento presente; em cada atividade realizo a espiritualidade. Deixo de valorizar as particularidades do meu ser e de minha história. Deixo de controlar os acontecimentos e seus resultados. Deixo de atender à pressão das expectativas externas. Quando abro mão do controle, a sincronicidade me leva irresistivelmente ao encontro de meu Propósito. A Vontade Divina é minha vontade. Na segurança de meu coração, abraço minha sombra e minha luz e dissolvo-me na harmonia da Unidade.

**AM 13**

Vivo, integro e deixo ir a *sombra* do propósito O
- Apego-me às minhas características individuais
- Apego-me às particularidades de minha história
- Entrego-me à necessidade de controle do meu ego e a suas vontades
- Fecho-me à existência dos planos superiores
- Fecho-me à presença da Essência Divina em mim
- Alimento meus apegos em todos os planos
- Penso, o tempo todo, no passado ou no futuro
- Alimento preocupações e expectativas
- Crio e alimento bloqueios, fronteiras, separações
- Programo cada passo de minha vida
- Insurjo-me contra tudo que sai de minha programação
- Resisto à modificações, à transformação

- Desisto da vida em vez de desistir do controle sobre a vida
- Não cuido de coisa alguma, deixo tudo ao abandono
- Caio na apatia e na preguiça
- Entrego toda minha energia ao sistema vigente
- Entrego toda minha energia a outras pessoas

**Alcanço, na *luz*, o propósito** O

- Alcanço o resultado dos meus constantes esforços de aprimoramento
- Abro um espaço "vazio", em meu centro
- Realizo, nesse "vazio", a fusão com o Princípio de todos os estados do ser
- Mantenho-me em meu centro
- Alcanço o conhecimento dos planos superiores
- Realizo a espiritualidade em cada atividade
- Centro minha atenção em cada atividade, aqui e agora
- Faço o que preciso fazer e vivo o que preciso viver
- Mantenho-me no presente, inteiro e disponível
- Deixo o Universo agir através de mim a cada instante
- Ajo a favor das coisas, em vez de agir contra elas
- Abro mão dos julgamentos e das expectativas
- Renuncio ao controle sobre os procedimentos e resultados
- Desapego-me do que me prende aos estados condicionados
- Deixo de me apegar às particularidades de meu ser
- Deixo de me apegar às particularidades de minha história individual
- Abro-me para um novo começo
- Ofereço ao mundo cada vez mais luz

AM 13

TERCEIRA PARTE
# UTILIZAÇÃO DO TOGOT

# 1 · A CONSULTA ORACULAR

## Considerações gerais

Para a finalidade da consulta oracular o conjunto de 52 cartas, correspondendo aos 52 símbolos, recebeu uma carta suplementar, vazia. Essa carta, destinada a verificar se as condições necessárias à realização da consulta foram reunidas[59], foi adicionada à Família Amarela.

A consulta oracular por meio do TOGOT segue os seguintes passos:

☞ reunião das condições externas e internas adequadas;

☞ definição, elaboração e registro da pergunta;

☞ confirmação das condições necessárias ao bom andamento da consulta;

☞ para obter informações sintéticas, seleção de 4 cartas (1 de cada Família de cor), dispondo-as em cruz;

☞ para uma análise mais aprofundada, seleção de 13 cartas (4 da Família Amarela e 3 de cada uma das outras Famílias), dispondo-as em G;

☞ interpretação dos símbolos a partir da observação de seu conjunto e da leitura dos textos a eles correspondentes que se encontram na Segunda Parte;

☞ registro do resultado da consulta;

☞ limpeza das cartas antes que sejam guardadas.

Em certas circunstâncias podem ser usadas as duas modalidades de consulta, com 4 e 13 cartas, para analisar uma situação particularmente relevante. É um exercício desejável também quando se quer aprofundar o entendimento do TOGOT, pois leva a estabelecer relações

---

[59] Terceira Parte/1 - Confirmação das condições necessárias à consulta.

entre os conjuntos de 4 e 13 símbolos, diferentes daquelas que se instauram no interior de cada Seqüência. Esse recurso é especialmente útil na consulta sobre o Propósito de Vida. Nesse caso, o grande número de informações obtidas pode servir de suporte a um trabalho de elaboração e assimilação a ser desenvolvido durante o resto da vida.

## O que é um oráculo?

Segundo o dicionário, oráculo é "a resposta de um Deus a quem o consulta, assim como a própria divindade que responde a consultas e orienta o crente"[60]. Por extensão, dá-se o nome de oráculo a um recurso, ao mesmo tempo material e simbólico, usado para contatar o Plano do Conhecimento de Tudo o que É (Registro *Akashico*)[61]. Tanto para as tradicionais escolas espirituais quanto para a moderna física quântica, há um plano de existência no qual o tempo, como o conhecemos, não existe. Nele, passado, presente e futuro se encontram. Por meio de nossa sensibilidade e a partir de nosso centro, de nosso "vazio" interior, de nosso Eu Superior, como quisermos chamar esse canal, temos acesso a esse registro e nele podemos encontrar respostas a nossas perguntas objetivas.

Ao longo da história, cada cultura empregou meios diferentes para espelhar esse plano. Esses meios se caracterizam pelo tipo de imagens submetidas à interpretação: formas instáveis da fumaça, do óleo na água, da areia, da borra de café, nunca duas vezes exatamente iguais, e padrões estáveis das estrelas, das conchas e dos símbolos desenhados pelo ser humano[62].

---

[60] Definição encontrada no *Novo Dicionário Aurélio da Língua Portuguesa*.
[61] PENNICK, Nigel - *Jogos dos Deuses – A origem dos jogos de tabuleiro segundo a magia e a arte divinatória*.
[62] GUÉNON, René - *Aperçus sur l'initiation*. Pelo ser humano ou através dele. A respeito da origem supra-humana dos símbolos.

No segundo grupo, um conjunto finito de elementos forma uma totalidade que representa o Universo (os planetas da Astrologia, os arcanos do Tarô...) e interage com outra representação do Todo (as doze casas da Astrologia, as posições predeterminadas das cartas do Tarô...). Elementos definidos e relações codificadas limitam o campo de atuação da subjetividade, reduzindo, ou até mesmo eliminando, os erros de interpretação. Desse grupo fazem parte a Astrologia, o I Ching, o Jogo de Búzios, o Tarô, as Runas, bem como o recém-nascido TOGOT.

Conforme a intenção do consulente, um oráculo pode ser um instrumento de adivinhação ou de autoconhecimento, sendo este seu verdadeiro objetivo. Ele é um apoio, um esclarecimento, uma orientação, nunca um substituto de nossa voz interior que é o canal mais direto de expressão de nosso Eu Superior. Não há oráculo, guru[63], ideologia ou religião[64] que possa nos eximir da responsabilidade que acompanha cada uma de nossas escolhas, de modo que o melhor a fazer é sempre dar a última palavra a nossa voz interior, discernindo de que maneira as informações externas ressoam em nosso coração. A resposta a nossos questionamentos está sempre dentro de nós. A possibilidade que temos de tomar consciência dessa resposta depende principalmente do momento em que nos encontramos em nosso percurso de aprimoramento e de nossa capacidade em manter-nos quietos em nosso centro.

---

[63] Um verdadeiro mestre torna a presença divina visível no plano da manifestação e, em virtude de seu conhecimento omnisciente, orienta de maneira apropriada o discípulo em seu caminho particular. A devoção e obediência que lhe são devidas são mostras da renuncia do ego frente ao divino. A obediência total ao mestre – que tem uma função puramente didática - supõe que ele seja merecedor de uma confiança igualmente absoluta, por isso sua escolha pede toda a atenção da percepção interior do aspirante a discípulo.

[64] Uma religião, seja ela herdada culturalmente ou escolhida, deveria ser um apoio para o árduo exercício da vida, uma referência construtiva, baseada em princípios de amor e integração. As religiões tradicionais costumavam apresentar, originalmente, essas características; algumas delas podem ter sido desvirtuadas em algum ponto da história.

Assim, a cada escolha que fazemos, o Universo abre a nossa frente um caminho que é imediatamente responsabilidade nossa, e que nos leva a um aprofundamento das energias envolvidas nos acontecimentos que estamos vivendo. Do ponto de vista de nossa realização espiritual, podemos dizer que uma decisão é acertada quando está em consonância com o passo que precisamos dar naquele momento no caminho de nosso aprimoramento, seja ele na sombra ou na luz. Já do ponto de vista do potencial de nosso ser individual, as decisões que tomamos são, em última instância, forçosamente acertadas, pois são as que conseguimos tomar num dado momento.

Se pudéssemos ouvir a voz de nosso coração o tempo todo, e com suficiente clareza, economizaríamos uma enorme quantidade de sofrimentos e não precisaríamos recorrer a oráculos para tomar decisões ou refletir sobre nós mesmos ou o Universo. O fato é que, boa parte do tempo, tornamo-nos surdos a nossa voz interior ou... ouvimos vozes demais, as vozes contraditórias de nosso ego. Essa confusão costuma aumentar quanto maior for o nosso envolvimento emocional numa dada situação.

Quando não estamos conseguindo agir com espontaneidade a partir da mais afinada conexão com nosso Eu Superior, ganhamos em abrir um espaço entre um evento e o momento em que respondemos a este evento. É nessa pausa que a consulta a um oráculo é capaz de nos ajudar a tomar uma decisão mais consciente e serena, o que permite uma ação também mais consciente.

## Programação, destino e livre arbítrio

O uso de um oráculo leva também a refletir sobre questões como a programação, o destino e o livre arbítrio do ser humano.

Com a descoberta do DNA a ciência confirmou a existência de uma programação do corpo físico que inclui ao mesmo tempo as informações relativas a espécie humana, a nossos ancestrais diretos e ao ser absolutamente particular que somos. Dessa programação dependem, por exemplo, nossas características físicas, a propensão a doenças hereditárias, a certos comportamentos, e o inevitável processo de envelhecimento.

Pela Lei da Correspondência, assim como há uma programação do corpo físico, receptáculo e suporte da vida, há uma programação do próprio fluir da vida de cada ser humano, registrado no corpo etérico ou sutil. Pode-se considerar que o registro das emoções e dos entendimentos nascidos das experiências que vivemos em vidas anteriores constitui o aspecto "adquirido" de nossa programação sutil[65]. Por outro lado, o que estamos dispostos a aprender na vida atual e que vai levar o Universo a pôr em nosso caminho uma série de condições e acontecimentos, todos regidos pelas Leis Universais, constitui o aspecto "aberto" de nossa programação sutil, ao qual nos referiremos como "Propósito de Vida". Nele vão tomar parte, a configuração do céu no instante de nosso nascimento, nosso nome, a configuração de nosso meio familiar, cultural, social e geográfico, entre outros elementos.

Propomos então como definição do "destino" de um ser humano, a soma dos seguintes elementos:

- sua programação física interna (DNA);
- o aspecto "adquirido" de sua programação sutil, ou seja o conjunto das experiências de suas outras vidas;
- o aspecto "aberto" de sua programação sutil, quer dizer o que ele se propõe a trabalhar na atual encarnação (Propósito de Vida) e que inclui:
  – as situações e eventos gerados por escolhas passadas;
  – o conjunto dos fatos que independem das escolhas anteriores, formando assim o novo material de trabalho que lhe permite aprender mais um pouco de tudo o que há para ser aprendido e que pode ser chamado de "fatalidade".

---

[65]Existem pontos de vista diferentes a respeito da origem dessa programação sutil. Um deles fala de vidas em diferentes planos de existência, uma única em cada plano; outro considera, além da possibilidade anterior ou da exclusão desta, sucessivas vidas no plano da Terra. No TOGOT usamos, em prioridade, o conceito de encarnações sucessivas na Terra.

Nesse sentido, nosso destino reflete tanto o passado quanto um futuro potencial e ideal do ponto de vista de nosso aprimoramento.

Mas é no presente que reside e atua o livre arbítrio que dá ao caminho de cada um seu caráter tão particular. Para além dos aspectos "dados" da programação de nosso DNA e das influências externas que interceptam nossos caminhos como se fosse "por acidente", existe o espaço de atuação do livre arbítrio: a maneira como escolhemos responder aos acontecimentos que o Universo nos apresenta. E mesmo quando a situação é tal que nossa ação ou atitude externa parecem sem saída, cabe-nos escolher os sentimentos e idéias que, em nós, vamos alimentar.

Nossa maneira de responder aos acontecimentos e nosso jeito de ser são amplamente influenciados pelo conjunto de nossas programações e vão, por sua vez, influenciar nossas programações futuras, mas o que importa de fato é que cada instante é uma oportunidade para nos aproximarmos de nossa essência divina. Agindo a partir do centro de nosso ser, mobilizando nossa força de vontade, usando cada evento como oportunidade para dar mais um passo em nosso aprimoramento, um pouco mais de nosso potencial se expressa. Nossas escolhas, mais ou menos conscientes, e suas conseqüências, nos levam a concretizar, em diferentes graus, nosso Propósito de Vida. Elas nos proporcionam o sentimento de realização que nos faz encontrar um sentido para nossa vida.

O oráculo nos ajuda a lembrar de nossas programações. Ele pode ajudar também, o que não é menos importante, a compreender as energias envolvidas em uma situação ou colocadas em movimento por um desejo, dando assim parâmetro ao livre arbítrio no momento de uma nova decisão.

## Finalidade do TOGOT enquanto oráculo

O TOGOT permite tornar mais claras as energias envolvidas num determinado evento ou situação, localizado no passado, no presente ou no futuro, e nos sugere maneiras de lidar com elas, condizentes com nosso processo de aprimoramento. Ele fornece meios para analisar essas energias sob quatro aspectos, dando à leitura a seguinte forma: ao **proceder** da maneira indicada pelo símbolo azul, com a **ferramenta** expressa pelo símbolo branco, posso vencer o **desafio** representado pelo símbolo vermelho e alcançar o **propósito** apontado pelo símbolo amarelo.

Entendemos que cada encarnação de um ser humano tem finalidades específicas e que, numa vida, cada evento também tem suas razões de ser. Como o motivo fundamental da presença na Terra é o aprimoramento, é bem provável que o propósito de cada evento seja acompanhado por uma ou mais dificuldades a serem vencidas. Em função de sua essência divina, o ser humano possui potencialmente todas as qualidades; em cada situação algumas delas se tornam as **ferramentas** e outras os **procedimentos** específicos a serem mobilizados e usados na necessária superação e integração dos **desafios**.

O que o TOGOT fornece portanto é uma seleção dos dados, de quatro ordens diferentes, prioritariamente envolvidos no contexto estudado. A reflexão que ele propicia deve poder levar a uma ação condizente com o objetivo do aprimoramento, tendo em vista economizar sofrimentos. Sua forma não permite que seja usado para adivinhar acontecimentos específicos.

O TOGOT favorece perguntas relativas aos seguintes temas:
– o propósito de uma pessoa na vida atual;
– o propósito de uma situação ou de um acontecimento;
– a vocação de determinada entidade (pessoa jurídica ou espaço);
– a meta de determinado período de tempo ou atividade.

Como ocorre com os outros oráculos, o TOGOT pode ser usado para os fins particulares e exclusivos de uma pessoa ou, após ter acumulado suficiente experiência com o material, para atender outras pessoas em consulta. Nesse caso, o facilitador ajuda o consulente a formular a pergunta e a interpretar a resposta, cabendo a este último embaralhar e tirar as cartas e, o que é o mais importante, realizar o trabalho posterior de assimilação e elaboração.

O TOGOT terá cumprido sua razão de ser se, a partir das informações por ele levantadas, o consulente avançar, em primeiro lugar, na realização de seu potencial humano e, em segundo lugar, na realização de sua espiritualidade.

## Condições desejáveis para a consulta

### Condições externas

No caso de não dispor de um local reservado para suas atividades espirituais, escolha um lugar tranqüilo onde você se sinta bem, tomando as providências necessárias para não ser interrompido durante a consulta. É melhor evitar sentar com as costas viradas para uma porta e em lugares de passagem.

O uso de alguns elementos associados ao ritual da consulta fica a seu critério. Você pode, se quiser, acender um incenso ou uma vela, cobrir a mesa com um pano escolhido para essa função, manter as cartas embrulhadas num pano de fibras naturais ou num couro reservado para este fim, vaporizar essências florais no ambiente ou ter um cristal perto de você, enfim o que lhe ajudar a centrar-se e a manter-se em conexão com a Fonte. Se achar conveniente, retire anéis, pulseiras, colares e relógio.

### Condições internas

A consulta oracular requer serenidade e disponibilidade internas, o que pede a interrupção do fluxo das atividades em curso.

Aquiete-se e respire profundamente algumas vezes. Centre-se em seu coração, fazendo uma curta meditação. Você pode pedir a colaboração de seu Eu Superior, e do Eu Superior da pessoa para quem, eventualmente, estiver realizando a consulta, assim como a proteção e ajuda de seus guias espirituais.

Existe uma relação entre o estado físico, emocional, mental e espiritual de uma pessoa e a capacidade de estabelecer uma boa ligação com a Fonte do Conhecimento de Tudo o que É. Importante também é a qualidade da intenção que preside à consulta. Digamos que a serenidade emocional e a pureza de intenção são, entre outros fatores, de particular importância na obtenção da conexão com o Eu Superior e, conseqüentemente, de uma resposta confiável.

## A pergunta

A pergunta é um ponto chave da consulta oracular. De sua clareza e objetividade dependem a clareza e objetividade da resposta. É bom que sua formulação seja simples, na forma afirmativa, relativa a um único assunto e adequada ao formato de leitura que o TOGOT proporciona.

### Escolha a elaboração da pergunta

Para se familiarizar com o TOGOT, comece buscando elucidar questões casuais, de repercussão limitada. Quando se sentir suficientemente à vontade com o oráculo, faça consultas mais significativas como, por exemplo, o Propósito do mês ou do ano em curso ou que inicia.

Antes de começar a consulta propriamente dita, você deve se perguntar o que realmente quer elucidar. Quer um esclarecimento para a vida como um todo ou um período menor de tempo, num campo particular (afetividade, atividade profissional) ou em relação a um acontecimento específico? Às vezes, a primeira intenção mascara uma questão mais essencial e a pergunta deve ser então totalmente reformulada. Às vezes, ao organizar as idéias para elaborar a pergunta adequadamente descobre-se o que se procurava esclarecer, tornando até supérflua a consulta ao oráculo. É prudente, pois, usar o tempo necessário a essa investigação.

A forma da pergunta deve ser afirmativa e adequada ao tipo de resposta que o TOGOT está apto a fornecer, por exemplo:
– Qual é meu propósito nesta vida?
– Qual é, para mim, o propósito deste evento (citar o evento)?
– Qual é, para mim, a meta deste novo ano?
– Quais são as energias envolvidas nesta situação (citar)?

– Como devo lidar com tal situação (citar)?
– Quais são os desafios que vou enfrentar neste empreendimento (citar)?

A pergunta deve se referir exclusivamente ao consulente; por motivo ético evidente, não se fazem perguntas sobre a vida de outra pessoa. Quando um evento, ou uma situação, envolve várias pessoas, a pergunta deve focalizar o aspecto do contexto que diz respeito ao consulente, por exemplo: "Qual é o propósito deste relacionamento para mim?" ou "Como devo me relacionar com tal pessoa, sabendo que ela está passando por tal dificuldade?"

*Registro da pergunta*

O registro da pergunta serve, em primeiro lugar, para evitar eventuais confusões na hora da interpretação – o oráculo responde especificamente à pergunta feita e é em relação a ela que a interpretação deve ser considerada. Em segundo lugar, ele torna possível o acompanhamento, *a posteriori*, de questões importantes. Através desse olhar retrospectivo podemos observar a maneira como uma certa questão evoluiu e como nos relacionamos com ela.

Formule e escreva, de preferência num caderno reservado para esse fim, a pergunta que você deseja elucidar, com nome, data e lugar. Esses dados fazem parte de suas circunstâncias particulares e exercem certa influência sobre a resposta oracular[66].

## Confirmação das condições necessárias à consulta

O TOGOT comporta um recurso para verificar se as condições necessárias à consulta foram reunidas. Uma vez a pergunta formulada e registrada, misture as 14 cartas amarelas e tire apenas uma. Se o resultado for a carta vazia, será necessário rever as condições externas e internas, bem como o tema e a formulação da pergunta. Há tranquilidade

---

[66] Esse fenômeno é particularmente evidente nas consultas astrológicas.

no ambiente? Seu coração está sereno? Seu corpo está calmo? A pergunta formulada é de fato aquela que pede uma resposta no momento? Sua formulação está precisa, sem ambigüidade e diz respeito só a você? Após modificar o que for preciso, volte a embaralhar as 14 cartas amarelas e a tirar uma. Se a carta vazia aparecer novamente, aconselhamos deixar a consulta para outra oportunidade. Qualquer outra carta indicará que você pode prosseguir. Nesse caso, separe a carta vazia das demais antes de realizar a consulta com as 4 Famílias de 13 cartas.

## A consulta

A cada Família correspondem uma cor e uma função no espaço de leitura:
— **amarelo** para o Propósito, a Vocação, a Meta a ser atingida;
— **vermelho** para o Desafio, a dificuldade que precisa ser trabalhada para alcançar o Propósito;
— **branco** para a Ferramenta que deve ser mobilizada para vencer o Desafio;
— **azul** para o Procedimento, a maneira de usar a Ferramenta apontada pela carta branca.

Um tabuleiro pode ser preparado (por exemplo com um pano pintado ou bordado) prevendo as duas configurações de leitura apresentadas a seguir (4 cartas em cruz ou 13 cartas em "G"), com suas respectivas disposições e cores.

Autorizada a consulta, a carta vazia é retirada da Família Amarela. Pode ser deixada em cima do tabuleiro, na frente do consulente, para "presidir" à consulta como representante do Centro "vazio" vivo, da Unidade.

### *Para obter informações sintéticas: 4 cartas*

Quando você deseja informações sintéticas – ou seja, a indicação de apenas 1 Propósito, 1 Desafio, 1 Ferramenta e 1 Procedimento – embaralhe as cartas da Família Amarela (após retirar a carta vazia) e tire uma única carta colocando-a, com o símbolo virado para cima, na posição indicada na figura 33. Repita a operação com a Família Vermelha, depois com a Branca, e por fim com a Azul, completando a disposição em cruz.

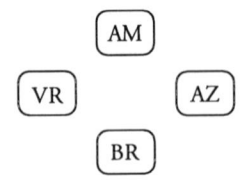

```
        AM
  VR         AZ
        BR
```

Fig. 33 - Disposição em cruz.

## Para uma análise aprofundada: 13 cartas

Quando você quer ressaltar as fases de um projeto, as épocas de uma vida, ou quando quer um aprofundamento dos quatro tipos de informação fornecidos pelo TOGOT, faça a consulta usando 13 cartas.

Embaralhe as cartas da Família Amarela (após ter retirado a carta vazia). Tire 4 cartas, uma após a outra e, com os símbolos virados para cima, coloque-as nas posições indicadas na figura 34, de modo a iniciar a formação de um G. Faça a mesma coisa usando 3 cartas da Família Vermelha, depois 3 da Branca e finalmente 3 da Azul.

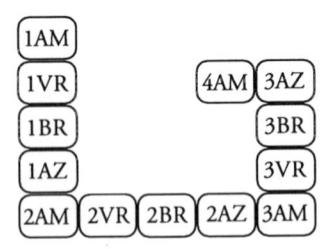

```
1AM
1VR              4AM  3AZ
1BR                    3BR
1AZ                    3VR
2AM  2VR  2BR  2AZ  3AM
```

Fig. 34 - Disposição em G.

## Registro do resultado da consulta

Recomendamos acrescentar ao que já se havia registrado (a pergunta, o nome do consulente, a data e o local) o resultado da consulta, ou seja, a Seqüência dos símbolos obtidos. Retomar depois de certo tempo a leitura de antigas Seqüências enriquece a compreensão das questões levantadas, de seu caminho de vida, bem como a do próprio TOGOT.

Faça uma lista (Fig. 35) reunindo as diversas informações referentes aos símbolos que compõem a Seqüência. Escrever algumas idéias relevantes a respeito de cada símbolo, sob forma de palavras chaves ou frases sintéticas, pode constituir um suporte visual útil à articulação da interpretação. Você também poderá retomar essas anotações, de tempos em tempos, e rever a interpretação da questão estudada, à luz de novos acontecimentos.

**Fase 1**
- 1º Propósito (amarelo) — desenho / nome
- 1º Desafio (vermelho) — desenho / nome
- 1* Ferramenta (branco) — desenho / nome
- 1º Procedimento (azul) — desenho / nome

**Fase 2**
- 2º Propósito (amarelo) — desenho / nome
- 2º Desafio (vermelho) — desenho / nome
- 2* Ferramenta (branco) — desenho / nome
- 2º Procedimento (azul) — desenho / nome

**Fase 3**
- 3º Propósito (amarelo) — desenho / nome
- 3º Desafio (vermelho) — desenho / nome
- 3* Ferramenta (branco) — desenho / nome
- 3º Procedimento (azul) — desenho / nome

**Fase 4**
- 4º Propósito (amarelo) — desenho / nome

Fig. 35

As posições especiais mencionadas no capítulo seguinte já foram assinaladas nessa lista.

## Interpretação

### Considerações gerais

A exatidão e a riqueza da interpretação dependem fundamentalmente da sensibilidade e da prática do consulente e são reforçadas pela pureza de intenção e pela disponibilidade interior deste. A qualidade da interpretação é sempre beneficiada por atitudes centradas no Amor, livres de julgamentos e idéias preconcebidas.

A familiaridade com outros repertórios simbólicos é sem dúvida útil, mas é o uso repetido do TOGOT que proporcionará o aperfeiçoamento da interpretação ao longo do tempo.

O momento da interpretação merece os mesmos cuidados que os que envolvem a abertura das cartas.

Para interpretar uma seqüência de 13 símbolos você pode seguir as indicações abaixo, que servem também de referência para uma seqüência de 4 cartas. Com o tempo, você poderá adaptá-las e encontrar sua própria maneira de proceder:

- A interpretação começa pela identificação dos símbolos. Para evitar confusões, observe com cuidado os símbolos com desenhos iguais que pertencem a Famílias diferentes[67].
- Lembre-se que os símbolos não são em si nem bons nem ruins, mas possuem cada qual um lado sombra e um lado luz; os dois lados são igualmente importantes para a compreensão profunda de uma seqüência e para aplicação à vida prática.
- Retome a lista dos desenhos dos símbolos, com os nomes, funções e fases, para nela anotar as idéias relevantes à medida que forem aparecendo. Comece contemplando por um momento símbolos e palavras-chave, deixando fluir sua intuição e mobilizando seus conhecimentos. A consulta aos textos[68] pode ser feita em momentos diferentes dependendo do quanto você já se familiarizou com o significado dos símbolos. Os textos são usados para ampliar a percepção intuitiva inicial. Procure adaptar ao contexto particular da consulta as idéias genéricas contidas nos textos referentes aos símbolos da Seqüência.

---

[67] Terceira Parte/1 - Símbolos com desenhos iguais em Famílias diferentes.
[68] Segunda Parte - Os Símbolos e Seu Significado.

— Lembre-se que cada símbolo pode ser pensado a partir de três movimentos: em relação ao próprio consulente, na relação do consulente com o mundo, em particular com as outras pessoas, e na relação das outras pessoas com o consulente. O símbolo Perdão ( ◉ ) (VR-3), por exemplo, implica em: "eu preciso me perdoar", "preciso perdoar outras pessoas", "preciso obter o perdão de certas pessoas".

— Lembre-se também de considerar, para cada símbolo, sua possível relação com os planos físico, emocional e mental. No caso de um símbolo que convida, por exemplo, a um trabalho de limpeza, essa poderá ser pensada relativamente à alimentação, atividades, uso do tempo, uso do espaço...; às emoções e sentimentos; aos pensamentos e crenças.

— Observe os símbolos que ocupam posições especiais, como a sétima e a décima-terceira na Seqüência.

— Verifique a presença na Seqüência dos símbolos que são os décimo-terceiros em suas respectivas Famílias: Amor/Serenidade ( O ), Centro da Galáxia ( ⊛ ), Unidade Além da Individualidade ( ◉ ) e Entrega ( O ).

— Veja o tipo de relação existente entre os símbolos das Famílias Branca e Azul.

— Estabeleça as relações possíveis entre os quatro símbolos de cada Fase.

— Se a questão estudada o permitir, estabeleça a relação cronológica entre as Fases.

— Se a consulta for sobre seu Propósito de Vida, pode considerar a possibilidade da infância ser precedida pela Seqüência que corresponde à vida anterior.

## *Símbolos com desenhos iguais em Famílias diferentes*

Sabe-se que, de fato, um símbolo é sempre infinitamente maior do que o nome a ele atribuído. No TOGOT, as quatro Famílias apresentam alguns símbolos com desenhos iguais (Fig. 36). É desejável olhar com atenção a cor de cada símbolo e sua posição na Seqüência para ver à qual Família pertence e identificá-lo corretamente, pois é o contexto da Família que delimita seu significado.

Família Amarela ⊕ ⚲ ⚳ ⚴ ⊥ ⊤ ⊖ △ ⊙ ⌒ ≏ ₀°₀ O Entrega

Família Azul ♈ ♉ ♊ ♋ ♌ ♍ ♎ ♏ ♐ ♑ ♒ ♓ ⊙ Peixes Unidade além da Individualidade
Touro

Família Branca ⊙ ☽ ☿ ♀ ♂ ♃ ♄ ♅ ♆ ♇ • 🝢
Sol

Família Vermelha ♓ ① ◎ = ‖ ⚯ ↕ ⚲ ⚭ ⛢ ⚭ ⊕ O
Respeito/ Humildade/ Amor/
Aceitação Sabedoria Serenidade

Fig. 36 - Símbolos com desenhos iguais em Famílias diferentes.

## Sombra e luz dos símbolos

Os símbolos encontrados no TOGOT não são, em si, bons ou ruins. Cada um envolve uma realidade formada pelos aspectos complementares da sombra e da luz[69]. A maestria que pode ser alcançada na Terra, antes que se tenha acesso a uma realidade mais sutil, passa pela maestria tanto sobre a sombra quanto sobre a luz[70] (Fig. 37).

Às vezes, enxerga-se com mais facilidade o lado sombra ou o lado luz de um determinado símbolo[71]. Precisamos ficar atentos portanto

---

[69]Um médico – do corpo ou da alma – que nunca tiver sofrido não terá como entender verdadeiramente o sofrimento de seus pacientes; se ele nunca tiver conhecido a fé, nunca poderá entender sua fé.

[70]Aqueles que encontram um mestre verdadeiro podem ter seu caminho encurtado ao serem tocados pela Luz da qual ele é guardião.

[71]Saturno ( ♄ ) e Plutão ( ♇ ), por exemplo, costumam ser lembrados em primeiro lugar por seu aspecto sombra e Júpiter ( ♃ ) e Vênus ( ♀ ) por seu aspecto luz. Vigilância/Determinação ( ⊕ ), Aprimoramento ( ⊥ ) e Determinação ( △ ) chamam atenção de imediato sobre a presença de dificuldades.

```
                    LUZ
                     ↑
                     └┐
              ┌───────┘
              └───┐
    sombra ←─────┼─────→ luz
              Fig. 37
```

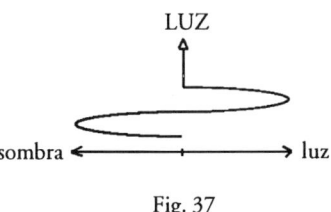

para evitar preconceitos e dar aos dois aspectos uma importância equilibrada no momento da interpretação.

Nos símbolos do TOGOT, e do ponto de vista de sua qualidade, a sombra corresponde à falta, ao excesso ou ao uso destrutivo da energia representada pelo símbolo, enquanto a luz diz respeito a seu uso equilibrado e construtivo.

As frases sobre a luz dos símbolos mostram os aspectos construtivos que devem ser mobilizados, usados ou conquistados, no contexto da pergunta em estudo. A cada consulta podem ser escolhidas os exemplos que melhor combinam com o contexto particular em jogo. No que diz respeito às frases sobre a sombra dos símbolos é muito útil identificar quais sombras já conhecemos pois assim podemos trabalhar conscientemente para acolhê-las, integrar o conhecimento que carregam em si e deixar ir as experiências através das quais elas se apresentam. Isso permite também ter mais consciência das sombras que nos parecem "novas" e com as quais provavelmente teremos que lidar por mais tempo. O "reconhecimento" da sombra pode se dar através de uma simples sensação de *déjà vu*, ou de uma certeza vinda do centro do ser.

A polaridade sendo inerente ao mundo da manifestação, nossa relação com a sombra e com a luz se estende ao longo de nossas vidas, pelo menos enquanto não tivermos atingido a Libertação dos estados condicionados[72]. Viver a cada encarnação todos os aspectos da sombra e da luz é praticamente impossível, por isso o Propósito de Vida aponta uma seleção de aspectos prioritários a serem trabalhados.

---

[72] GUÉNON, René - *Aperçus sur l'Initiation e Initiation et Réalisation Spirituelle.*

No caso particular da Família Azul, devemos escolher entre duas relações possíveis: procurar a sombra de um signo no texto do próprio signo ou no do signo oposto complementar (Fig. 38). Em certas

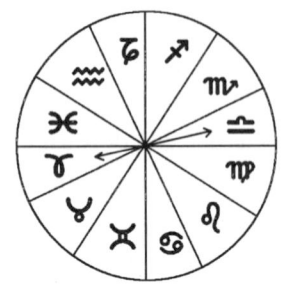

Fig. 38 - Os seis eixos do mapa astrológico com seus signos opostos complementares.

escolas de astrologia, a sombra de um signo é encontrada no conteúdo da sombra do signo oposto, no eixo do mapa[73]. Segundo essa concepção, quando o signo de Áries é iluminado pelo Sol, a sombra de Libra é que se vê projetada, pois Libra é o signo oposto complementar a Áries. Assim, como mostra a figura 38, procura-se:

| | | | |
|---|---|---|---|
| a sombra de Áries | ♈ | em Libra | ♎ |
| a sombra de Touro | ♉ | em Escorpião | ♏ |
| a sombra de Gêmeos | ♊ | em Sagitário | ♐ |
| a sombra de Câncer | ♋ | em Capricórnio | ♑ |
| a sombra de Leão | ♌ | em Aquário | ♒ |
| a sombra de Virgem | ♍ | em Peixes | ♓ |
| a sombra de Libra | ♎ | em Áries | ♈ |
| a sombra de Escorpião | ♏ | em Touro | ♉ |
| a sombra de Sagitário | ♐ | em Gêmeos | ♊ |
| a sombra de Capricórnio | ♑ | em Câncer | ♋ |
| a sombra de Aquário | ♒ | em Leão | ♌ |
| a sombra de Peixes | ♓ | em Virgem | ♍ |

[73] MASCHEVILLE, Emma Costet de. - *Luz e Sombra*.

No contexto do TOGOT, a prática tem mostrado que tanto a sombra do próprio signo quanto a sombra de seu oposto complementar contêm informações significativas para o esclarecimento das questões estudadas. Recomendamos pois que o consulente experimente as duas possibilidades para escolher seu próprio procedimento.

## Posições especiais: o sétimo e o décimo-terceiro símbolos numa seqüência de 13 cartas

O sétimo símbolo merece uma atenção especial pela posição central que ocupa na Seqüência de 13 cartas. Como uma luz no meio do céu, sua energia se irradia para todos os demais símbolos da Seqüência, somando-se à energia de cada um deles (Fig. 39). Ela dá o tom da Seqüência, é seu pano de fundo.

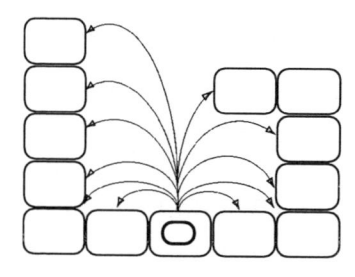

Fig. 39 - Influência do sétimo símbolo, numa Seqüência de treze, sobre os outros doze: o pano de fundo da Seqüência.

Se, por exemplo, a consulta das cartas indicou **Júpiter** ( ♃ ) (BR.6) como carta central, isso indica que, do ponto de vista da luz, a Seqüência inteira se beneficia da proteção divina e de um movimento positivo de expansão. Se a carta central for **Marte** ( ♂ ) (BR.5) o pano de fundo da Seqüência será o impulso vital, a coragem e a independência; se for **Saturno** ( ♄ ) (BR.7) será a paciência, a construção de estruturas, a definição de limites, e assim por diante. Porém, tanto a luz quanto a sombra do símbolo central acompanham cada passo da Seqüência; é preciso portanto dar atenção a ambos os aspectos.

Temos considerado o último símbolo da Seqüência, ou seja, aquele que ocupa a décima-terceira posição, como uma síntese da resposta à pergunta formulada. Essa função confere ao símbolo que a preenche uma importância especial (Fig. 40).

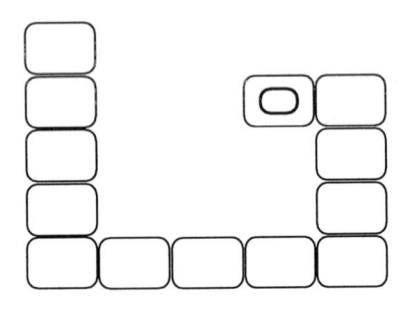

Fig. 40 - A décima-terceira posição: síntese da Seqüência.

## O décimo-terceiro símbolo de cada Família

Os símbolos de número 13 são os seguintes: **Amor/Serenidade** (O) (VR.13) na Família Vermelha, **Centro da Galáxia** (⚙) (BR.13) na Família Branca, **Unidade Além da Individualidade** (☉) (AZ.13) na Família Azul, e **Entrega** (O) (AM.13) na Família Amarela. Quando esses símbolos são tirados numa consulta, podem ocupar qualquer uma das posições que correspondem a suas cores na Seqüência.

Cada um deles sintetiza os 12 outros símbolos de sua própria Família e indica, dessa forma, o acesso a um patamar mais elevado. Como mencionamos na Primeira Parte/4[74], esse fato está exemplificado com bastante clareza no quadro de Leonardo da Vinci, *A Última Ceia*. O que Cristo representa em relação aos doze apóstolos, o décimo-terceiro símbolo de cada Família representa em relação aos doze outros símbolos.

A presença de um símbolo de número 13 numa Seqüência sugere que o consulente acumulou, provavelmente ao longo de suas várias

---

[74]Primeira Parte/4 - Os números 12 e 13 – A integração das energias masculinas e femininas.

existências, uma vasta experiência sobre o conteúdo daquela Família. O conhecimento que advém das experiências passadas diz respeito tanto à sombra quanto à luz. A totalidade dos aspectos da sombra e da luz dos 13 símbolos daquela Família está, pois, a sua disposição nessa encarnação para ser integrada. Isso indica ao consulente que esta vida é uma oportunidade para dar um salto qualitativo efetivo.

*Relação entre os símbolos das Famílias Branca e Azul: composição ou reforço*

As Famílias Branca e Azul reúnem símbolos astrológicos e preenchem respectivamente as funções de Ferramenta e Procedimento. Cada Fase sugere que as energias representadas pelo símbolo da carta branca sejam usadas segundo a maneira de proceder que caracteriza o símbolo da carta azul.

Sabe-se que cada signo é regido por um planeta (alguns planetas regem 2 signos *) e que signo e planeta relacionados têm uma energia similar (Fig. 41).

| Família Branca Ferramenta | | | | Família Azul Procedimento |
|---|---|---|---|---|
| Marte | ♂ | rege | ♈ | Áries |
| Vênus * | ♀ | | ♉ | Touro |
| Mercúrio * | ☿ | | ♊ | Gêmeos |
| Lua | ☾ | | ♋ | Câncer |
| Sol | ☉ | | ♌ | Leão |
| Mercúrio * | ☿ | | ♍ | Virgem |
| Vênus * | ♀ | | ♎ | Libra |
| Plutão | ♇ | | ♏ | Escorpião |
| Júpiter | ♃ | | ♐ | Sagitário |
| Saturno | ♄ | | ♑ | Capricórnio |
| Urano | ♅ | | ♒ | Aquário |
| Netuno | ♆ | | ♓ | Peixes |

Fig. 41

Para os outros símbolos da Família Branca (Kiron, O Novo Planeta, O Centro da Galáxia) e da Família Azul (Unidade Além da Individualidade) não existe nenhuma relação pré-estabelecida, a não ser aquela que mencionamos em relação ao décimo-terceiro símbolo de cada Família.

Quando o símbolo que aparece na carta branca é o planeta regente do signo do Zodíaco presente na carta azul, a situação é de reforço, pois Ferramenta e Procedimento têm a mesma qualidade energética (Fig. 42). Signo e planeta se relacionam de maneira natural, porém os aspectos de sombra e luz dos dois símbolos, somados, acham-se intensificados.

Quando o símbolo da carta branca não é o regente do signo presente na carta azul, há uma situação de composição (Fig. 43 e 44). Nesse caso, as energias da Ferramenta e do Procedimento devem se compor, se "temperar". Situações desse tipo costumam pedir (e oferecer!) uma grande flexibilidade e criatividade.

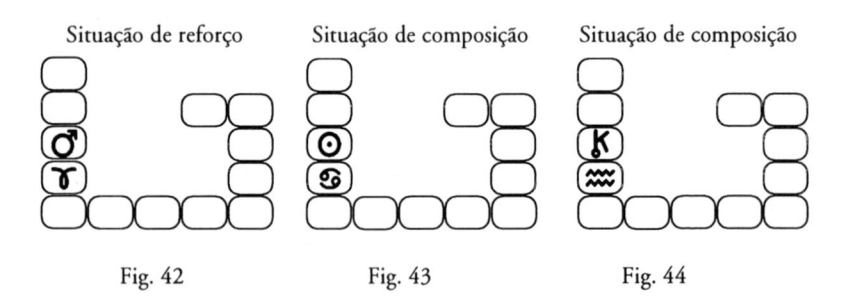

Situação de reforço   Situação de composição   Situação de composição

Fig. 42   Fig. 43   Fig. 44

- O planeta **Marte** ( ♂ ) (BR.5) rege o signo de **Áries** ( ♈ ) (AZ.1): as energias da Ferramenta e do Procedimento se reforçam (Fig. 42).

- O **Sol** ( ☉ ) (BR.1) não rege o signo de **Câncer** ( ♋ ) (AZ.4): aqui, as energias masculinas do Sol são temperadas pelas energias femininas de **Câncer** (Fig. 43).

- **Kiron** ( ⚷ ) (BR.8) não rege nenhum signo: sua energia própria se compõe com a energia de **Aquário** ( ♒ ) (AZ.11) (Fig. 44).

*Relação entre os símbolos das 4 Famílias, dentro de cada Fase de uma Seqüência em "G" e nas Seqüências em cruz*

As três primeiras fases de uma Seqüência de 13 cartas dispostas em G, e as Seqüências de 4 cartas dispostas em cruz, são compostas por um símbolo Amarelo que indica o Propósito, um símbolo Vermelho para o Desafio, um Branco para a Ferramenta e um Azul para o Procedimento. Esses grupos de 4 símbolos formam conjuntos organizados segundo uma certa lógica. As informações que contêm podem ser lidas como segue, segundo sua preferência:

– para atingir o Propósito (AM) preciso enfrentar o Desafio (VR) usando a Ferramenta (BR) segundo o Procedimento (AZ);

– usando o Procedimento (AZ) com a Ferramenta (BR) posso vencer o Desafio (VR) e alcançar o Propósito (AM).

*Exemplo 1*: uma Seqüência de 4 cartas (disposição em cruz).

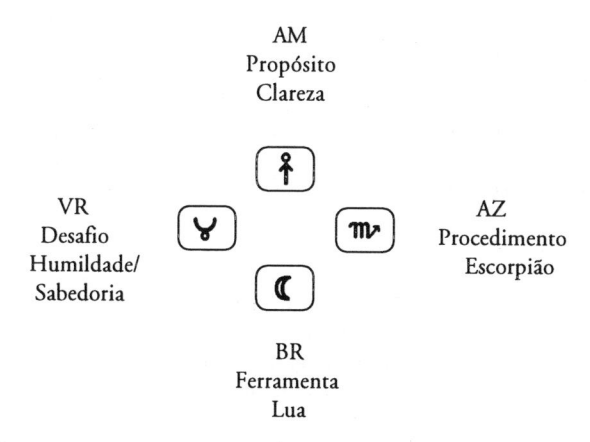

```
              AM
           Propósito
            Clareza

              [ ☿ ]
    VR                        AZ
  Desafio   [ ♉ ]   [ ♏ ] Procedimento
 Humildade/                 Escorpião
  Sabedoria      [ ☾ ]

              BR
           Ferramenta
              Lua
```

Nesta Seqüência vê-se que o Propósito é a **Clareza** ( ☿ ) (AM. 4); o Desafio, a **Humildade** e a **Sabedoria** ( ♉ ) (VR.10); a Ferramenta, a energia da **Lua** ( ☾ ) (BR. 2); e o Procedimento, o do **Escorpião** ( ♏ ) (AZ. 8). Isto é, usando, à maneira do **Escorpião**, as energias da Lua, podemos vencer o desafio da **Humildade** e da **Sabedoria** e atingir o objetivo que é a **Clareza**.

Levante algumas idéias que expressam o significado dos símbolos, bem como as relações entre eles (Fig. 45). Aos poucos, aprofunde esses conteúdos, recorrendo, para isso, a sua intuição, conhecimentos e experiências pessoais, e aos textos das cartas apresentados na Segunda Parte[75]. Intuição e reflexão trabalham juntas a cada passo.

**Meu Propósito: Clareza**
Escutar minha voz interior e prestar atenção às mensagens do Universo.
Definir meus desejos, intenções, objetivos, com prioridades, etapas e prazos.
Clarear minhas relações com as pessoas, estabelecendo contratos verbais ou escritos.
Expressar-me com clareza.

**Meu Desafio: Humildade/Sabedoria**
Tirar proveito das lições do passado para repetir somente as experiências construtivas. Considerar, sem julgamento, cada nova possibilidade. Ouvir os outros. Aprender com eles. Manter a simplicidade em todas as circunstâncias

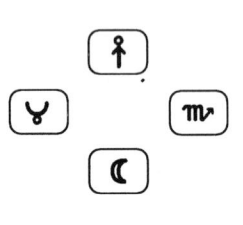

**Meu Procedimento: Escorpião**
Trocar energias com outras pessoas.
Ir fundo, envolver-me profundamente no que diz respeito à questão que está sendo estudada. Limpar, eliminar o que não serve mais.

**Minha Ferramenta: Lua**
Usar minhas emoções, minha compreensão, minha sensibilidade, minha memória.
Buscar segurança e confiança ao cuidar de mim e dos outros, estabelecendo limites quando necessário.

Fig. 45

---

[75] Segunda Parte - Os Símbolos e Seu Significado.

Resumindo: a Seqüência revela que o assunto em estudo oferece ao consulente a oportunidade de desenvolver a clareza, em todos os seus aspectos. O que pode impedi-lo de alcançar este objetivo é a dificuldade de aprender com suas próprias experiências, revivendo assim as mesmas situações negativas, bem como a dificuldade de ouvir e aprender com os outros. Para vencer este Desafio, ele precisa se relacionar de maneira profunda, intensificando sua sensibilidade e sua compreensão. Precisa mergulhar em sua memória a fim de expurgar as lembranças que o paralisam e impedem a percepção do que é essencial para seu caminho.

*Exemplo 2:* Fase 1 de uma Seqüência de 13 símbolos relativa à compra de um apartamento.

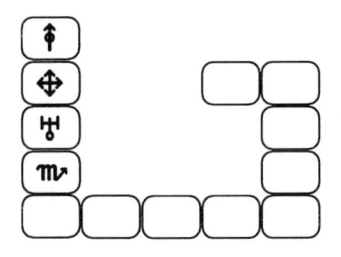

Nesta Seqüência, a presença do Desafio **Vigilância/Determinação** ( ✥ ) (VR.12) na primeira Fase indica uma situação de risco no momento em que o apartamento é encontrado e o consulente começa a pensar em comprá-lo. É preciso manter-se vigilante, verificar a situação legal do imóvel ( ✥ ) (VR.12) e sanear qualquer irregularidade ( ⚕ ) (BR. 9) ( ♏ ) (AZ. 8) para que essa escolha se torne viável. É preciso que o consulente queira muito realizar esta compra ( ↑ ) (AM. 3). Sua intuição será requisitada para solucionar as dificuldades ( ⚕ ) (BR. 9).

*Relação cronológica entre as Fases de uma Seqüência de 13 cartas*

A disposição de 13 cartas em G evoca o desenrolar espiralado do caminho a percorrer ao longo do tempo. As 4 Fases aparecem sucessivamente e são percebidas em seu aspecto cronológico (Fig. 46).

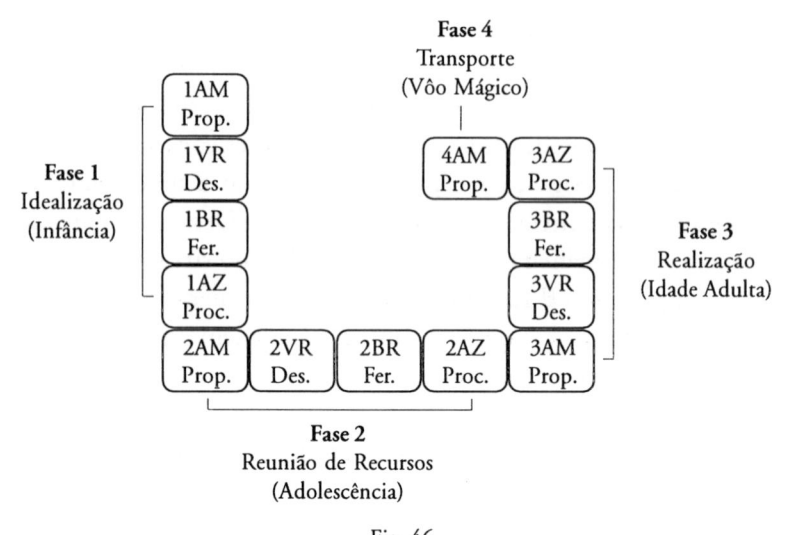

```
                              Fase 4
                             Transporte
              ┌─────┐       (Vôo Mágico)
              │1AM  │            │
              │Prop.│
  Fase 1      ├─────┤       ┌─────┐ ┌─────┐
              │1VR  │       │4AM  │ │3AZ  │
 Idealização  │Des. │       │Prop.│ │Proc.│
  (Infância)  ├─────┤       └─────┘ ├─────┤         Fase 3
              │1BR  │               │3BR  │
              │Fer. │               │Fer. │       Realização
              ├─────┤               ├─────┤      (Idade Adulta)
              │1AZ  │               │3VR  │
              │Proc.│               │Des. │
              └─────┘               └─────┘
   ┌─────┐ ┌─────┐ ┌─────┐ ┌─────┐ ┌─────┐
   │2AM  │ │2VR  │ │2BR  │ │2AZ  │ │3AM  │
   │Prop.│ │Des. │ │Fer. │ │Proc.│ │Prop.│
   └─────┘ └─────┘ └─────┘ └─────┘ └─────┘
              Fase 2
         Reunião de Recursos
           (Adolescência)
```

Fig. 46

**Fase 1** - O primeiro grupo de 4 cartas representa a época de idealização, elaboração e formulação de um projeto; é a época da infância, quando são formadas as primeiras idéias a respeito do mundo e elaborados os primeiros "sonhos" quanto ao futuro.

**Fase 2** - O segundo grupo de 4 cartas corresponde à época de reunião dos recursos necessários à realização do projeto; é também a época da adolescência, dedicada, pelo menos idealmente, ao estudo e ao aprendizado.

**Fase 3** - As 4 cartas seguintes dizem respeito à época da realização do projeto; é a idade adulta com suas concretizações.

**Fase 4** - A carta amarela que finaliza a Seqüência, chamada de "transporte" ou "vôo mágico", pode ser considerada como a síntese da questão ou da vida; o fim de um ciclo e ao mesmo tempo um novo começo; o que se leva desta vida para a próxima.

No caso das questões relativas à vida inteira e daquelas relativas a projetos e empreendimentos, a leitura é enriquecida por esse dado cronológico. Nos outros casos, as Fases perdem o caráter de indicador de tempo e passam a representar aspectos diferentes das 4 funções dos símbolos. Temos então 4 aspectos a considerar para o Propósito,

3 aspectos para o Desafio, 3 para a Ferramenta e 3 para o Procedimento.

Os símbolos contidos numa determinada fase cronológica indicam os assuntos prioritários para aquela Fase. Isto não significa que eventos que correspondem a esses símbolos aparecerão unicamente na época indicada pela Fase. Vimos o caso particular do sétimo símbolo, num conjunto de 13, que serve de pano de fundo à Seqüência inteira, somando suas energias às de cada um dos outros símbolos. De certa forma, todas as energias estão presentes o tempo todo; uma fração pequena de tempo (dia, mês, ano) pode conter os temas do Propósito de uma vida, como acontece num fractal. As experiências ainda não integradas se apresentam repetidamente, experiências já trabalhadas reaparecem para serem relembradas e novas experiências ocorrem. Como não se pode trabalhar tudo ao mesmo tempo, depende de cada um identificar as prioridades do momento, focar nelas sua atenção e agir a partir delas de maneira adequada. O Universo dá o ritmo aos acontecimentos da vida de um ser humano; este dá o ritmo ao aproveitamento das experiências, a seu aprimoramento; o TOGOT ajuda a ressaltar o que deve ser trabalhado prioritariamente.

## O Propósito de Vida

Esclarecemos anteriormente o que entendemos por Propósito de Vida e mencionamos a reencarnação como um dos princípios presentes no TOGOT.

Quando, no Propósito de Vida, se considera a possibilidade de vidas anteriores, a interpretação tende a se tornar mais fácil e mais rica. A Seqüência vista como uma etapa dentro de um Caminho facilita a compreensão de certas informações: símbolos cuja presença na Fase da infância poderiam causar estranheza ganham sentido quando relacionados a uma vida anterior; além de ser uma síntese da atual encarnação, o décimo-terceiro símbolo da Seqüência mostra o que provavelmente será retomado na próxima vida, fazendo jus a sua função de Transporte (Fig. 47); enfim, os símbolos de número 13 de

Seqüência virtual
da vida anterior

Vida atual

Seqüência virtual
da próxima vida

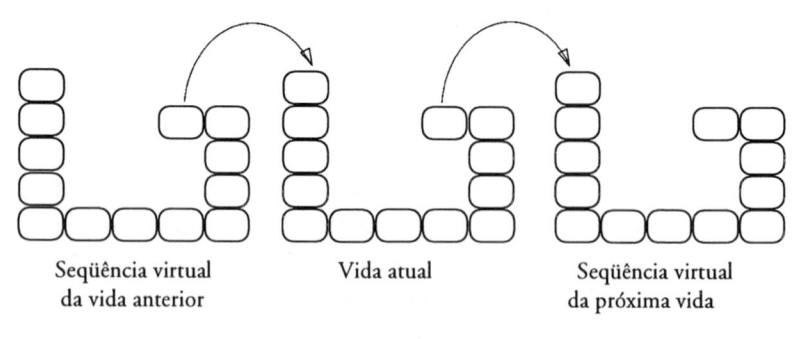

Fig. 47

cada Família (Amor/Serenidade; Centro da Galáxia; Unidade além da Individualidade; Entrega) lembram a soma dos conhecimentos acumulados a partir das experiências vividas em parte nas outras existências, convidando a um salto qualitativo na vida atual.

A forma em G facilita a percepção da relação com as Seqüências virtuais da vida anterior e da vida posterior, a primeira carta amarela sendo vista como a entrada na presente Seqüência e a última carta amarela como a saída (Fig. 47).

*Exemplo 1*: Início da Seqüência de um Propósito de Vida.

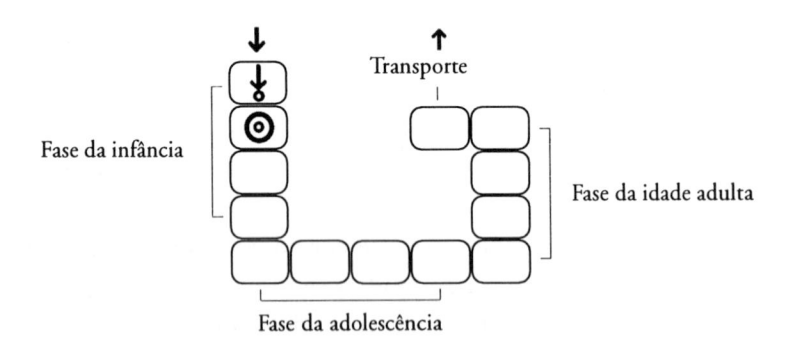

Fase da infância

Transporte

Fase da idade adulta

Fase da adolescência

A Fase da infância, cujo Propósito é o resgate do **Poder interior** (↯) (AM. 2) e o Desafio é o **Perdão** (⊙) (VR. 3), sugere que o consulente abdicou de seu poder em vidas anteriores.

Caso tenha abandonado seu poder interior devido a pressões externas, a atual encarnação oferece uma oportunidade de perdoar pessoas que outrora foram responsáveis por essas pressões. Como esses dois símbolos abrem a Fase da infância, é provável que essas pessoas façam parte do atual núcleo familiar.

Se o consulente perdeu o contato com seu poder interior em função de suas próprias opções, deve perdoar a si mesmo para poder seguir, com proveito, nessa atual encarnação. Nesse caso, apesar dos temas **Poder interior** e **Perdão** pertencerem à Fase da infância, os acontecimentos que fornecerão a oportunidade de sua resolução deverão aparecer ao longo da vida. De fato, é difícil imaginar que uma criança pequena possa vivenciar conscientemente esse tipo de experiência.

*Exemplo 2*: Fase 1 de um Propósito de Vida.

Propósito ⊖ Flexibilidade/Agilidade
Desafio ⚯ Equilíbrio/Harmonia
Ferramenta ☉ Sol
Procedimento ♋ Câncer

O Propósito **Flexibilidade/Agilidade** ( ⊖ ) (AM.7) refere-se a dissolução de padrões de comportamento cristalizados e ao Caminho do Meio. O Desafio **Equilíbrio/Harmonia** ( ⚯ ) (VR.6) retoma a referência às polaridades e à busca do centro. Tudo indica que o consulente ficou preso, eventualmente durante várias vidas, a atitudes em círculo vicioso. Pode ter vivido em situações de conforto e tranqüilidade, evitando enfrentar seus desafios; pode ter ficado preso a comportamentos destrutivos, alimentando experiências dolorosas. Não é necessário, aqui, tentar desvendar os detalhes das vidas anteriores, e sim tirar proveito de uma indicação dos mecanismos com os quais se esteve envolvido. Isso fornece uma orientação bastante útil para a vida atual.

Nessa vida, apego, rigidez, estagnação, atitudes extremas devem ser ultrapassadas. À maneira de **Câncer** ( ♋ ) (AZ. 4), o consulente tem a oportunidade de mergulhar na memória de suas experiências passadas, em busca de seu **Sol** interior ( ☉ ) (BR.1). Com as energias de **Câncer**, ele consegue ouvir as mensagens de seu corpo, sentir-se seguro ao cuidar de si e dos outros e ao ser cuidado, e mudar através da persistência. Com o **Sol**, ele ativa a autoconfiança, a intuição do caminho a ser seguido, desperta as possibilidades e focaliza sua atenção em seus projetos. Trabalhando de maneira equilibrada ( ♋ ) (VR.6) com as energias femininas ( ♋ ) (AZ. 4) e masculinas ( ☉ ) (BR.1), encontra o meio de escapar do magnetismo que essas energias exercem ( ⊖ ) (AM. 7) quando mantidas separadas.

*Exemplo 3*: Fase 1 de um Propósito de Vida.

Propósito   ⚬   Encontros
Desafio   ♓   Respeito/Aceitação
Ferramenta   ♒   Centro da Galáxia
Procedimento   ☉   Unidade Além da Individualidade

De uma pessoa que tem, em sua Fase da infância, **Unidade Além da Individualidade** ( ☉ ) (AZ.13) como Procedimento e **Centro da Galáxia** ( ♒ ) (BR.13) como Ferramenta (símbolos de número 13 em suas respectivas Famílias) pode-se esperar que já tenha estabelecido uma conexão efetiva com os planos superiores. É provável que tenha falado ou feito coisas "estranhas para sua idade", quando pequena.

O símbolo **Unidade Além da Individualidade** ( ☉ ) indica que o consulente já experimentou o mundo sob a égide dos 12 signos do Zodíaco. Na atual encarnação, ele tem oportunidade de reavivar a sabedoria armazenada, através da contemplação ou da meditação, e de usar efetivamente sua inteligência intuitiva. Ele pode tirar proveito de sua capacidade de olhar cada coisa sob vários pontos de vista e, evitando julgar, perceber em tudo a essência. Na luz desse símbolo, o consulente será solicitado pelos acontecimentos de sua vida para submeter seu ego à vontade de seu Eu Superior.

O símbolo **Centro da Galáxia** ( ♒ ) reforça o anterior. Indica que o consulente já tem gravado em seu ser os conhecimentos decorrentes das energias representadas por todos os planetas. É fundamental que ele se mantenha conectado à Fonte e siga a voz de seu coração (centro de seu ser). O consulente é um receptor e um semeador de informações.

Submeter-se às limitações impostas pelo plano da matéria, após ter vivido muitas vezes e ter atingido um certo grau de entendimento, é verdadeiramente um Desafio que exige **Respeito e Aceitação** ( ⟩€ ) (VR.1). É como, guardado as devidas proporções, para um adulto, voltar à escola maternal. Isso pode trazer bastante desconforto e impaciência.

O Propósito **Encontros** ( ⚬ ) (AM. 11) pode levar a duas interpretações principais. Existem no núcleo familiar, ou nas relações próximas, pessoas que podem ajudar o consulente a se readaptar às limitações do plano da Terra, a enfrentar seu Desafio e a se preparar para as realizações que seu ser pode alcançar nessa vida. Ou então, pessoas próximas à criança precisam dela para seu próprio aprimoramento. Na presença do símbolo Encontros é bom lembrar que as almas que combinaram se ajudar na vida atual podem fazê-lo tanto através da sombra quanto da luz.

## Limpeza das cartas e maneira de guardá-las

O método usado pelos nativos da América do Norte para limpar energias acumuladas pode ser empregado aqui para limpar as cartas que foram usadas numa consulta: leve simplesmente as cartas diante de sua boca e sopre por um instante.

Cada Família apresenta uma ordem interna a ser seguida, de preferência, na hora de guardar as cartas (Fig. 48).

Uma vez as cartas ordenadas dentro de cada Família, estas são mantidas na sua seqüência natural, ou seja, Vermelha, Branca, Azul e Amarela, a carta vazia sendo colocada no fim da Família Amarela.

Para guardar as cartas é indicado usar um pedaço de pano, um estojo ou uma caixinha, de material natural, reservado a esse fim.

|     | 1 | 2 | 3 | 4 | 5 | 6 | 7 | 8 | 9 | 10 | 11 | 12 | 13 |
|-----|---|---|---|---|---|---|---|---|---|----|----|----|----|
| AM  | ⊕ | ⚲ | ⚶ | ⚷ | ⊥ | ⊤ | ⊖ | △ | ⊙ | ˙˙ | ⊹ | ⁂ | ○ |
| AZ  | ♈ | ♉ | ♊ | ♋ | ♌ | ♍ | ♎ | ♏ | ♐ | ♑ | ♒ | ♓ | ☉ |
| BR  | ☉ | ☾ | ☿ | ♀ | ♂ | ♃ | ♄ | ⚴ | ♅ | ♆ | ● | ♒ |    |
| VR  | ♓ | Ⓟ | ⊚ | = | ‖ | ⚜ | ⇕ | ⛢ | ω | ♈ | ⊕ | ○ |    |

Fig. 48 - Ordem interna das cartas em cada Família.

## Exemplo de interpretação de uma seqüência de 13 cartas

A partir de uma questão que diz respeito a todos aqueles que vivem atualmente no Brasil, vejamos como se pode interpretar uma Seqüência de 13 símbolos.

A pergunta *"Para os atuais brasileiros, de nascimento e de coração, qual é o propósito de estarem encarnados ou radicados no Brasil, no final do século XX?"* foi formulada e interpretada em junho de 1996.

Como a pergunta focaliza a entidade a "Atual População do Brasil", cada indivíduo pode, se quiser, repetir a consulta focalizando sua situação particular.

A consulta resultou na seguinte Seqüência (Fig. 49):

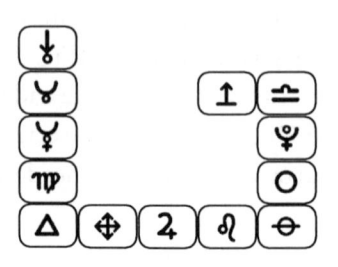

Fig. 49

Sugerimos que o leitor abra essa Seqüência de 13 cartas e experimente os passos da consulta, antes de ler a interpretação apresentada neste capítulo.

Antes de começar, lembre-se que existem símbolos com desenhos iguais que pertencem a Famílias diferentes, o que exige um pouco de atenção para evitar eventuais confusões. Lembre-se também que não existem símbolos bons ou ruins. Cada símbolo possui um lado sombra e um lado luz e os dois precisam ser levados em consideração na interpretação.

Comece contemplando por um tempo os símbolos e as palavras-chave, deixando fluir sua intuição e mobilizando seus conhecimentos. Faça uma lista dos símbolos, funções e Fases, para nela anotar idéias relevantes:

*Exemplo:*

### Fase 1

| | | |
|---:|:---:|:---|
| 1º Propósito | ☫ | Poder Interior |
| 1º Desafio | ♉ | Humildade/Sabedoria |
| 1ª Ferramenta | ☿ | Mercúrio |
| 1º Procedimento | ♍ | Virgem |

### Fase 2

| | | |
|---:|:---:|:---|
| 2º Propósito | △ | Firmeza |
| 2º Desafio | ⊕ | Vigilância/Determinação |
| → 2ª Ferramenta | ♃ | Júpiter |
| 2º Procedimento | ♌ | Leão |

### Fase 3

| | | |
|---:|:---:|:---|
| 3º Propósito | ☉ | Agilidade/Flexibilidade |
| 3º Desafio | ○ | Amor/Serenidade |
| 3ª Ferramenta | ♇ | Plutão |
| 3º Procedimento | ♎ | Libra |

### Fase 4

| | | |
|---:|:---:|:---|
| → 4º Propósito | ⊥ | Aprimoramento |

Veja que o símbolo central é **Júpiter** ( ♃ ) (BR. 6) o que significa que, no pano de fundo da Seqüência, estão energias de expansão e proteção divina. O último símbolo da Seqüência, e portanto a síntese da questão, é o **Aprimoramento** ( ⚶ ) (AM. 6). Note a presença do símbolo **Amor e Serenidade** ( ○ ) (VR.13) que é o décimo-terceiro da Família Vermelha, o que indica que, com maior ou menor intensidade, todos os desafios se encontram no caminho da "Atual População do Brasil" e que esta está sendo convidada a efetuar um salto de qualidade.

Observe que os símbolos das Famílias Branca e Azul formam entre si um par com energias similares (**Mercúrio** ☿, BR. 3 e **Virgem** ♍, AZ. 6), e dois pares com energias diferentes (**Júpiter** ♃, BR. 6 e **Leão** ♌, AZ.5; **Plutão** ♇, BR.11 e **Libra** ♎, AZ. 7) que precisam se compor e por isso exigem grande flexibilidade.

À medida que for fazendo essas observações, coloque algumas idéias na lista dos símbolos. No quadro abaixo encontram-se aquelas que propomos.

**Fase 1**

1º Propósito  ⚶ **Poder Interior** (AM. 2):
- resgate da cidadania
- poder de informação, de decisão, de ação
- cuidar de si
- usar os conhecimentos acumulados

1º Desafio  ♁ **Humildade/Sabedoria** (VR.10):
- interdependência e valorização de todos os seres
- uso da memória das experiências passadas

1ª Ferramenta  ☿ **Mercúrio** (BR. 3):
- troca de informações
- adaptabilidade

1º Procedimento ♍ **Virgem** (AZ. 6):
- autocrítica
- organização, planejamento

## Fase 2

| | | |
|---|---|---|
| 2º Propósito | △ **Firmeza** (AM. 8): | |
| | - encontrar a luz na escuridão | |
| | - uso da "bússola" interior | |
| | - coragem para prosseguir apesar das dificuldades | |
| 2º Desafio | ✥ **Vigilância/Determinação** (VR.12): | |
| | - mobilização da atenção e da força de vontade | |
| → 2ª Ferramenta | ♃ **Júpiter** (BR. 7): | |
| | - expansão | |
| | - proteção divina | |
| | - conexão com a espiritualidade | |
| 2º Procedimento | ♌ **Leão** (AZ. 5): | |
| | - autoconfiança | |
| | - dignidade | |
| | - alegria | |

## Fase 3

| | | |
|---|---|---|
| 3º Propósito | ⊖ **Agilidade/Flexibilidade** (AM. 7): | |
| | - movimento rápido entre as experiências negativas e positivas | |
| | - busca do Caminho do Meio | |
| 3º Desafio | ○ **Amor/Serenidade** (VR.13): | |
| | - busca da conexão com a Essência | |
| | - celebração da vida | |
| 3ª Ferramenta | ♇ **Plutão** (BR. 11): | |
| | - eliminação dos padrões inadequados | |
| | - transformações individuais e coletivas | |
| | - busca das raízes, do essencial | |
| 3º Procedimento | ♎ **Libra** (AZ. 7): | |
| | - busca de soluções equilibradas e pacíficas | |
| | - o outro como espelho | |

### Fase 4

→ 4º Propósito    ↟ **Aprimoramento** (AM. 6):
- integração da sombra e da luz contidas nas experiências
- não precisar repetir as experiências negativas conhecidas

A partir dos textos, busque agora ampliar a descrição dos símbolos, adaptando as idéias genéricas ao contexto particular da consulta e articulando as informações dentro de cada Fase.

A pergunta estudada não permite considerar o aspecto cronológico das Fases. O que importa aqui é somar as informações (4 aspectos para o Propósito, 3 para o Desafio, 3 para a Ferramenta e 3 para o Procedimento) para chegar a uma compreensão mais ampla e detalhada do contexto.

Pode-se considerar agora a interpretação proposta.

O primeiro olhar sobre esta Seqüência nos leva a identificar **Júpiter** ( ♃ ) (BR. 6) como símbolo central que traz uma idéia de proteção divina e de expansão. Notamos a presença de símbolos que evocam de imediato a existência de dificuldades (**Firmeza** △ , AM. 8; **Vigilância/Determinação** ✥, VR.12; **Aprimoramento** ↟, AM. 6), sendo que o **Aprimoramento** é a síntese da questão estudada. Além disso, o Desafio **Amor/Serenidade** ( ○ ) (VR.13) introduz na Seqüência o potencial de sombra e luz dos doze outros símbolos da Família Vermelha.

Podemos dizer que, apesar da existência de inegáveis dificuldades, esta Seqüência encontra-se sob a proteção divina: Júpiter ( ♃ ) potencializa os aspectos positivos dos outros símbolos, trazendo ao conjunto um alento de esperança. A "Atual População do Brasil" vê-se num caminho que conduz ao **Aprimoramento** (↟), ao amadurecimento, em todos os planos. O símbolo **Amor/Serenidade** ( ○ ) convida a "Atual População do Brasil" a somar as experiências que já viveu, a variedade dos seus olhares e de seu conhecimento, a apreciar a riqueza de sua diversidade física e a dar um salto qualitativo em sua história.

Fase 1

## Poder Interior ( ☿ ) (AM. 2)

O primeiro Propósito diz respeito ao resgate do poder interior. Este símbolo mostra que a "Atual População do Brasil" tem como meta prioritária resgatar sua cidadania, exercendo seu poder de escolha e de participação, assumindo as responsabilidades decorrentes.

Caso a "Atual População do Brasil" queira trabalhar com a luz deste símbolo, ela deverá resgatar sua autonomia de decisão, livrando-se das manipulações do sistema institucionalizado. Ela deverá igualmente mobilizar sua autonomia de ação, organizando-se e atuando, a nível local, para atender suas necessidades básicas.

O poder da "Atual População do Brasil" reside em depender cada vez menos da estrutura pública para resolução dos seus problemas. O poder interior é intimamente ligado à capacidade de tirar ensinamentos das experiências passadas, evitando assim a repetição dos mesmos erros.

Para vivenciar a sombra deste símbolo, basta a "Atual População do Brasil" se limitar a eleger representantes oficiais, esperando que tudo seja decidido "em cima" e empenhando suas energias nas inevitáveis discussões e reclamações sobre o que não funciona.

## Humildade/Sabedoria ( ☷ ) (VR-10)

O Desafio que separa a "Atual População do Brasil" de seu primeiro Propósito é exatamente a questão da memória das experiências passadas. Indispensável ao amadurecimento da consciência social, é ela que permite ao conjunto dos cidadãos escolher ações centradas e construtivas. A memória é um dos principais requisitos da sabedoria; sem ela de nada servem as experiências vividas e se fica condenado a repetir os mesmos erros com conseqüências cada vez mais dramáticas.

A questão da humildade traz a possibilidade de perceber e respeitar o valor humano de cada um, a Essência Divina em todos os seres e sua inevitável interdependência. A igualdade e a interdependência constituem pois aspectos importantes deste Desafio. Isso implica na dissolução dos preconceitos sociais e raciais, na vontade de encontrar soluções que atendam às necessidades de todos os cidadãos e na criação de um espaço para a participação destes nas resoluções de seus problemas.

Memória, igualdade e interdependência são as primeiras dificuldades enfrentadas pela "Atual População do Brasil" no caminho de seu amadurecimento.

### Mercúrio ( ☿ ) (BR-3)     Virgem ( ♍ ) (AZ-6)

Os símbolos da Ferramenta e do Procedimento mostram qualidades e talentos que a entidade "Atual População do Brasil" possui potencialmente. Isto não significa que seja fácil despertar essas energias, porém é possível e indispensável mobilizá-las para realizar o primeiro Propósito.

Para conseguir usar sua memória e aplicar efetivamente os princípios de igualdade e interdependência ao conjunto dos seus membros, a "Atual População do Brasil" tem o recurso de usar as energias de **Mercúrio** à maneira do signo de **Virgem**.

**Virgem** convida a "Atual População do Brasil" a usar a autocrítica para pontuar e assimilar suas experiências; a planejar suas ações a partir da análise de suas conseqüências; a agir com organização e espírito prático. **Mercúrio**, por sua vez, chama a atenção sobre a curiosidade, a troca de informações, a adaptabilidade e a capacidade de agregar múltiplas visões.

Se a "Atual População do Brasil" usar unicamente o lado luz dos símbolos desta Fase, chegar-se-á a um quadro próximo a este: a "Atual População do Brasil" agindo com certa independência dos Poderes Públicos; assumindo, com método e organização, trabalhos de pequenas dimensões e múltiplos focos; atuando em áreas de vital importância para o futuro, como Educação e Meio Ambiente. Associações de bairro, grupos de famílias e outros agrupamentos locais complementarão o trabalho da escola, e desenvolverão atividades incentivando a curiosidade e favorecendo a descoberta de soluções criativas para problemas concretos (pequenas hortas com adubo orgânico, cultivo de plantas medicinais, reciclagem de lixo, construção de casas com técnicas alternativas...). No campo, pequenos agricultores, individualmente ou em grupos, cuidarão do uso produtivo da Terra com técnicas baseadas no aproveitamento dos recursos locais e na manutenção do equilíbrio da natureza. Todas estas "células" trocarão informações entre si e com entidades capazes de lhes trazer novos conhecimentos. Formas independentes de comunicação, sejam elas reuniões, boletins informativos, rádio amador ou internet, serão desenvolvidas. A "Atual População do Brasil" passará a usar sua capacidade de adaptação com uma nova finalidade, mais consciente, ativa e orientada para a busca de resultados para o benefício comum.

**Fase 2**

**Firmeza ( △ ) (AM-8)**

O segundo Propósito da "Atual População do Brasil" é demonstrar firmeza em meio às dificuldades, encontrar a luz no meio da escuridão. Há muitos degraus a galgar antes de se alcançar "o cume da montanha" onde se experimenta a realização. A cada passo, o horizonte se amplia, a percepção melhora; mas é preciso desfazer-se dos pesos excessivos, dos apegos desnecessários. No meio da noite o caminho pode ser encontrado através da "bússola" interior. A confiança e a fé levam, através das dificuldades efetivas, a alcançar os frutos do esforço persistente.

O símbolo **Firmeza** indica que a "Atual População do Brasil" pode encontrar uma orientação para suas ações mantendo-se ligada à percepção interna do sentido da vida, a sua dimensão espiritual. Ele contém também a noção de "morte e renascimento" ou seja, a necessidade de se libertar de coisas que não servem mais, morrer para antigas crenças e velhos hábitos e renascer em um novo nível de compreensão e atuação; e isto, quantas vezes forem necessárias.

**Vigilância/Determinação ( ✜ ) (VR-12)**

Se a "Atual População do Brasil" quiser alcançar seu segundo Propósito, ela precisará mobilizar continuamente sua atenção e força de vontade na busca da compreensão de si mesma e dos processos vitais dos quais ela depende. Trata-se de um esforço constante em várias direções: tomada de consciência de suas próprias fraquezas, pois o motivo das dificuldades deve ser procurado em primeiro lugar em si mesma; realização das modificações necessárias, para que dificuldades já conhecidas não sejam mais repetidas, por exemplo na escolha de seus representantes; controle da atuação desses representantes; cobrança na aplicação das leis, etc.

Para "escalar a montanha" representada pelo Propósito ( △ ) é fundamental a justa percepção de cada passo a ser dado: um passo em falso pode levar ladeira abaixo. Toda vigilância é necessária não só em momentos de eleição mas em todas as decisões, inclusive no comportamento diário, e isso tanto por parte das entidades que representam a população quanto dos indivíduos que a compõem. A modificação de atitudes simples, como deixar de jogar lixo na calçada, serve de base a mudanças mais profundas.

### Júpiter ( ♃ ) (BR-6)     Leão ( ♌ ) (AZ-5)

A carta de Júpiter ocupa o lugar central desta Seqüência, o que significa que a Seqüência inteira se beneficia da proteção divina que Júpiter representa.

A "Atual População do Brasil" é convidada a agir a maneira de **Leão** com as energias de **Júpiter**. Na luz destes símbolos, a autoconfiança, o Amor, a alegria, o vigor e a intuição permitirão atravessar as dificuldades, explorar novas possibilidades e encontrar soluções criativas e originais para os problemas existentes. Com segurança e dignidade busca-se a paz e a prosperidade.

A alegria, presente tanto na Ferramenta **Júpiter** quanto no Procedimento de **Leão**, e a celebração vigorosa da vida, característica de Leão, legitimam as festas da cultura popular, religiosas ou não, entre elas o carnaval.

**Júpiter** e **Leão** trazem luz e guiam a "Atual População do Brasil" quando o céu escurece, assegurando-lhe a conexão espiritual almejada no Propósito da Firmeza.

A alienação é a grande sombra desta segunda Fase. Uma sombra menos provável nos dias atuais é a busca de expansão territorial em detrimentos dos países vizinhos. Mas pressões econômicas abusivas sempre podem se manifestar, alimentando tensões.

## Fase 3

### Agilidade/Flexibilidade ( ⊖ ) (AM-7)

O terceiro Propósito fala da agilidade, da capacidade de se mover com fluidez entre as experiências negativas e positivas, sem se deixar paralisar por nenhuma delas. Para a "Atual População do Brasil" trata-se de desenvolver a capacidade de desapegar-se; de vivenciar o movimento sem o qual amadurecer torna-se impossível. Vivenciar a dor, mas não se deter nela, e logo lembrar da alegria; vivenciar a felicidade, mas aceitar o surgimento da dor e de novo mover-se em direção à alegria. Cada percurso entre uma polaridade e outra permite experimentar um ponto de equilíbrio que há de se tornar a referência da busca. Outro aspecto da agilidade diz respeito à circulação das energias de maneira geral. Uma melhor circulação de informações, de conhecimentos e riquezas pode propiciar uma modificação da atual estrutura social.

A flexibilidade pede o afastamento de qualquer tipo de rigidez e encoraja a busca de soluções novas para os velhos problemas. Indica por exemplo a necessidade de se liberar de estruturas rígidas, posições dogmáticas e preconceitos.

Enfim, é preciso que a "Atual População do Brasil" se liberte da eventual nostalgia por certas épocas passadas e principalmente dos anseios por milagres futuros; só estando com sua atenção no presente poderá agir plenamente.

### Amor/Serenidade ( ○ ) (VR-13)

O Desafio simbolizado por **Amor/Serenidade** é exatamente o de encontrar o centro. O *chakra* do coração, sede do Amor Incondicional, representa esse centro, o ponto de equilíbrio entre as polaridades.

A principal dificuldade consiste em amar a si mesma. Para a "Atual População do Brasil", isto significa amar seu corpo feito de todas as cores, de todas as origens; amar sua própria diversidade, sua riqueza. O Desafio persiste no amor a sua terra e à Terra, através do respeito à natureza, ao planeta.

Se a "Atual População do Brasil" optar por trabalhar com a luz, ela deverá se dedicar ao delicado exercício do Caminho do Meio, através do mais elevado dos sentimentos: o Amor Incondicional. Deverá amar a si mesma com sua sombra e sua luz, integrando as diversas maneiras de ver e de viver o mundo e encorajando em cada um o que há de melhor. Assim, a alegria vencerá a tristeza e a amargura que acompanham a luta pela sobrevivência. Ela vencerá a saudade e os devaneios e a atenção será finalmente dada ao presente, onde as transformações são realizadas.

### Plutão ( ♇ )(BR-11)    Libra ( ♎ ) (AZ-7)

Para alcançar a qualidade de amor capaz de todas as curas e de todas as criações, a "Atual População do Brasil" dispõe da maneira equilibrada de **Libra** para lidar com o poder telúrico de **Plutão**.

**Libra** oferece a possibilidade de enxergar no outro um espelho, o que facilita a percepção da sombra. A procura por soluções baseadas na justiça e no respeito pelas particularidades, assim como a busca da paz, do equilíbrio e da preservação da vida, orientam e temperam as profundas transformações, individuais e coletivas, motivadas por **Plutão**. A descida às raízes dos problemas, a busca do essencial, a eliminação do que não serve mais, a tomada de consciência inevitável para que seja possível tomar posse dos seus tesouros mais secretos, eis o que Plutão favorece. A remoção daquilo que prejudica o desenvolvimento da "Atual População do Brasil" e a integração de tudo que lhe pode ser útil encontram, nas qualidades de Libra, seu senso de finalidade. A questão da justiça é fundamental pois está presente tanto em Plutão quanto em Libra.

A grande sombra desta Fase é a recusa das transformações necessárias e o apego a modelos ultrapassados, injustos e desequilibrados. No entanto, a presença de **Plutão** sugere que a resistência às mudanças é, em ultima instância, inútil, assim como não se pode evitar o despertar de um vulcão nem o surgimento de um terremoto. A resistência apenas torna mais dolorosa a crise inevitável. Melhor então fazer, em tempo, o que precisa ser feito.

**Fase 4**

**Aprimoramento ( ⊥ ) (AM-6)**

O quarto Propósito visa a desenvolver a percepção de que todas as experiências são valiosas para o processo de amadurecimento, tanto as da sombra quanto as da luz. Aceitar a polaridade e crescer com ela é o objetivo final e a síntese desta Seqüência. **Plutão** já continha a mensagem da crise como oportunidade de aprimoramento e **Libra** o senso de finalidade. Essa consciência permite enfrentar as crises com uma predisposição construtiva evitando o pessimismo e o desespero.

Para resumir, o Propósito da "Atual População do Brasil" apresenta os 4 aspectos seguintes:
— assumir sua cidadania agindo localmente e com uma autonomia cada vez maior em relação aos poderes públicos;
— manter-se firme nas dificuldades, orientando-se a partir de sua Essência Divina;
— mobilizar seu poder de recuperação e de adaptação, movendo-se com flexibilidade entre as experiências negativas e positivas, buscando manter-se cada vez mais em contato com seu centro;
— reconhecer que experiências negativas e positivas são parte do processo de aprimoramento e oferecem a possibilidade de um salto qualitativo.

Por sua vez, os Desafios enfrentados pela "Atual População do Brasil" são os seguintes;
— usar a memória das experiências anteriores e praticar a igualdade;
— evitar a alienação;
— evitar a rigidez e o apego a modelos ultrapassados, injustos e desequilibrados.

Esperamos que esse exemplo seja útil, apesar de sua brevidade, não só como referência básica para outras interpretações, mas também como material de reflexão para os brasileiros de coração.

## 2 - O COLAR DE INTEGRAÇÃO

"Posso e devo vivenciar e integrar o que há de humano e o que há de divino em mim." É esta crença que sustenta o trabalho de aprimoramento individual.

Antes de serem utilizados como oráculo e durante vários anos, os símbolos do TOGOT serviram de apoio a uma modalidade de trabalho de aprimoramento individual baseada no poder da palavra, da imagem e da repetição. Todas as tradições se valeram desses recursos dos quais, hoje em dia, instituições profanas de todo tipo têm tirado grandes proveitos. É o caso da propaganda que, ao imprimir novos padrões mentais e emocionais no íntimo dos consumidores, cria novas realidades em benefício das empresas de produtos e serviços. Preces, mantras, cânticos, mentalizações e visualizações sempre tiveram esse poder criativo, dirigindo-se porém a finalidades mais elevadas. Nos textos sagrados menciona-se o aparecimento do mundo da manifestação como conseqüência do Verbo Divino; devotos têm suas preces atendidas; doentes recobram a saúde por meio, entre outros recursos, de mentalizações e visualizações[76], etc.

A neurolingüística ressalta a importância da forma afirmativa na elaboração dos pedidos, intenções, objetivos etc. É importante lembrar-se disso ao formular qualquer tipo de material para o trabalho de aprimoramento individual. Os textos sobre a luz dos símbolos podem ser usados como referência pois seguem essa orientação.

Na Primeira Parte/3 - A Pesquisa, vimos como surgiu o Colar de Integração. Trata-se de um colar de meditação à maneira do rosário católico ou do *japa mala* hindu. Constituído num primeiro momento

---

[76] SIMONTON, O. C., MATTEWS-SIMONTON S., CREIGHTON, J.L. - *Com a Vida de Novo.*

por 48 símbolos (4x12), hoje reúne os 52 símbolos do TOGOT (4x13), uma prece na forma da Tetraktys pitagórica[77], três frases de reverência a todos os seres e, eventualmente, algumas contas vazias para receber conteúdos específicos que o usuário queira trabalhar num dado momento.

Sua principal função é fornecer um suporte para a prática de vários níveis de integração:
- a sombra e a luz, para cada um dos 52 símbolos;
- os 13 símbolos em cada Família ou seja, os 12 primeiros encontrando-se no décimo-terceiro (integração horizontal);
- as 4 Famílias ou 4 Planos de existência, as três primeiras correspondendo à realização das possibilidades humanas e a quarta à realização espiritual (integração vertical).

Repetir o nome dos símbolos nos aproxima das energias que eles representam. Expressar, oral ou mentalmente, repetidas vezes, sua intenção de integrar a sombra e a luz dos símbolos, é um poderoso exercício, pois a firmeza de intenção é determinante na realização de um objetivo.

Para atender, como aqui o queríamos, à idéia de integração, todos os seres precisavam ser lembrados e reverenciados. Os antepassados, tão freqüentemente esquecidos em nossa sociedade ocidental moderna, mereciam ter aqui seu lugar, pois simplesmente sem eles não estaríamos aqui e deles herdamos uma parte importante do que somos. E como consideramos que o destino de todos os seres é sua reunião à Luz, e em última instância sua fusão no princípio que a contém, pensamos que todos eles, cada qual a sua maneira, estão envolvidos nesse caminhar.

Você pode montar seu Colar de Integração usando contas do material que preferir. Pode também encomendá-lo pela Internet no endereço eletrônico: togot@uol.com.br ou consultando os sites: www.togot.com.br ou
http://sites.uol.com.br/togot/

---

[77] Terceira Parte/6 - Prece na forma da Tetraktys pitagórica.

Se você quiser montá-lo, use de preferência contas de formatos e/ou cores diferentes para distinguir os vários conteúdos das contas, tornando visível a estrutura do colar e facilitando seu uso. Você poderá assim, até mesmo sem olhar, passar de uma conta para outra enquanto mentaliza seu conteúdo, localizando este com facilidade.

O tamanho do Colar de Integração pode permitir que seja usada como pulseira ou colar.

○ **Integro, em mim, a sombra e a luz de:**

- Respeito / Aceitação
- Compreensão
- Perdão
- Paciência / Perseverança
- Quietude
- Equilíbrio / Harmonia
- Confiança / Fé
- Força / Coragem / Poder
- Responsabilidade / Generosidade
- Humildade / Sabedoria
- Saber estar só / Compaixão
- Vigilância / Determinação
- Amor / Serenidade

☐ **Integro, em mim, a sombra e a luz de:**

- Sol
- Lua
- Mercúrio
- Vênus
- Marte
- Júpiter
- Saturno
- Kiron
- Urano
- Netuno
- Plutão

- O novo planeta
- O centro da galáxia

☐ Integro, em mim, a sombra e a luz de:
  - Áries
  - Touro
  - Gêmeos
  - Câncer
  - Leão
  - Virgem
  - Libra
  - Escorpião
  - Sagitário
  - Capricórnio
  - Aquário
  - Peixes
  - Unidade além da Individualidade

☐ Integro, em mim, a sombra e a luz de:
  - Consciência
  - Poder interior
  - Vontade
  - Clareza
  - Realização
  - Aprimoramento
  - Agilidade / Flexibilidade
  - Firmeza
  - Governo
  - Colaboração
  - Encontros
  - Serviço
  - Entrega

○ Deus
  - Mãe-Pai

- que estás em todos, em tudo e em todo lugar
- que Vosso nome nos proteja, inspira, alimente e oriente

☐ Reverencio, em mim, todos os meus antepassados

☐ Reverencio todos os seres de luz

☐ Reverencio todos os seres a caminho da Luz.

## 3 · USO DOS SÍMBOLOS E DOS TEXTOS CORRESPONDENTES, ALÉM DA CONSULTA ORACULAR

Por natureza o uso oracular do TOGOT tende a ser ocasional e, fora do caso do Propósito de Vida, dirigido para assuntos específicos e delimitados. O colar de integração que retoma a totalidade dos conteúdos do TOGOT presta-se, por sua vez, a um uso sistemático mas ainda "superficial". São os grafismos dos símbolos e principalmente os textos que os acompanham que favorecem um trabalho ao mesmo tempo sistemático e aprofundado.

Esse trabalho sistemático pode ser efetuado por um tempo variável, a partir dos símbolos presentes numa consulta, de dados tirados de seu mapa astrológico de nascimento ou de temas levantados por acontecimentos importantes de sua vida. No caso do Propósito de Vida essa atividade pode se desenvolver ao longo de sua vida inteira.

Há um uso desse material que, pela disciplina e firmeza que ele requer, pode ser considerado como uma preparação ao ingresso numa via iniciática tradicional. Trata-se de trabalhar um símbolo por dia, seguindo a ordem das 4 Famílias[78], começando de preferência após o cair de cada noite[79] e iniciando o ciclo, por exemplo, na noite do

---

[78] Primeira Parte/6 - Composição, ou Segunda Parte – Os Símbolos e Seu Significado.

[79] Para manter a correspondência entre macro e microcosmo, a noite vem antes do dia ou seja, um novo dia de 24 horas começa a cada cair do sol.

solstício de inverno que é a noite mais comprida do ano. Outra data e horário podem ser escolhidos segundo seu critério. A repetição, por 7 vezes sucessivas, do trabalho diário sobre o conjunto dos 52 símbolos do TOGOT corresponde a 364 dias. O último dia (dois no caso dos anos bissextos) pode ser dedicado a uma atividade especial como, por exemplo, uma celebração, uma meditação "vazia" mais extensa ou um silêncio prolongado.

Propomos a seguir alguns exemplos a selecionar ou combinar; outros podem ser encontrados:

- Contemplação do próprio símbolo e eventualmente repetição de seu grafismo.
- Reflexão, mental ou escrita, sobre o texto geral que introduz cada símbolo.
- Reflexão sobre as frases que exemplificam a luz do símbolo – todos os aspectos ou só os mais relevantes – e afirmações orais, mentais ou escritas dessas frases.
- Reflexão sobre as frases que exemplificam a sombra do símbolo – todos os aspectos ou só os mais relevantes – e afirmações orais, mentais ou escritas de frases de forma e conteúdo afirmativos correspondendo aos aspectos escolhidos. Nesse caso, algumas adaptações na formulação das frases podem ser feitas para que estas estejam de acordo com o momento daquele que as está usando.

*Exemplos:*

- "Estou disposto a acolher em mim (determinado aspecto da sombra)"
- "Acolho em mim e integro (o mesmo aspecto da sombra)"
- "Abro mão da necessidade de (o mesmo aspecto da sombra)"
- "Estou aberto a (o aspecto correspondente na luz)"
- "Vivo plenamente e com proveito (o mesmo aspecto na luz)".

Quaisquer que sejam as maneiras escolhidas para se trabalhar os conteúdos do TOGOT, a chave está na repetição. Sem constância e persistência, não se modifica nenhum hábito, nenhum valor, nenhum padrão estabelecido; isso é verdadeiro quando se trata de manter ou recuperar a saúde física, adquirir novos padrões de pensamento e com isso modificar a qualidade de nossos sentimentos, de nossa realidade, etc.

## 4 - TEXTO PARA MENTALIZAÇÃO, INSPIRADO EM CONTEÚDOS DO TOGOT

Apresentamos a seguir um texto, inspirado e composto a partir de vários símbolos do TOGOT, que sugerimos usar para mentalização diária. Você pode modificar essa seleção de conteúdos se quiser acompanhar, ao longo do tempo, os passos dados em seu aprimoramento individual.

Como no caso do Colar de Integração, é possível montar um colar de contas para servir de suporte à mentalização. Nesse caso as frases podem ser divididas em segmentos menores para dar ao colar um comprimento viável.

- É minha intenção manter-me desperto e encontrar Deus em mim, em todos, em tudo e em todo lugar.

- Eu me amo e confio em mim.

- Amo meus companheiros de estrada e confio neles.

- Amo a Humanidade e confio nela.

- Amo o Todo e confio nele.

- Colaboro com meu aprimoramento e com a realização de meu Propósito.

- Agradeço por minha vida e por tudo que faz parte dela, na sombra e na luz.

- Agradeço por meu corpo, por sua semente perfeita, por sua inteligência e benevolência.

- Mantenho-me conectado ao Poder que tudo cria.

- O que preciso saber me é revelado, em tempo, e faço bom uso dessas informações.

- O que preciso vem a mim, para meu mais alto bem, e faço minha parte.

- Acolho em mim, no momento certo, as experiências de sombra que ainda preciso trabalhar;
- deixo ir as experiências de sombra que já conheço;
- repito conscientemente as experiências de luz.

- Acolho em mim o medo, a mágoa, a raiva, a tristeza, o orgulho, a arrogância, a avareza, o apego, a inveja, o julgamento, o ciúme, o controle, a culpa, a preocupação e a ingratidão...

- Acolho em mim a Luz, a confiança, o perdão, a humildade, a generosidade, a serenidade, a gratidão, o Amor Incondicional e a entrega...

- Integro tudo que, em mim, é sombra e tudo que, em mim, é luz.

- Estou a serviço do Todo e, com a proteção e a ajuda dos seres que me inspiram:
- vivo o que preciso viver;
- aprendo com rapidez minhas lições;
- venço meus desafios;
- realizo meu Propósito;
- realizo a prosperidade e ofereço ao mundo cada vez mais Luz.

- Ofereço pensamentos de Luz, Amor e confiança a todos os seres que fazem parte de meu caminho,
- àqueles que estão encarnados e àqueles que estão desencarnados,
- a começar por todos os meus antepassados, por minha mãe, meu pai...

- A cada um deles peço compreensão e perdão;
- a cada um deles ofereço compreensão e perdão.

- Ofereço pensamentos de Luz, confiança, Amor, alegria, harmonia, paz e prosperidade ao planeta Terra e à Humanidade.

- Reverencio todos os meus antepassados em mim;
- reverencio todos os seres de luz;
- reverencio todos os seres a caminho da Luz.

Cada uma dessas afirmações tem implicações consideráveis e pode levar a profundas modificações da realidade, se for colocada em prática na vida cotidiana. No momento da mentalização, observe retrospectivamente se conseguiu vivenciar alguns eventos de seu dia (ou do dia anterior, se fizer a mentalização pela manhã) desse ponto de vista; inversamente, ao vivenciar cada evento use as afirmações como referência para guiar suas ações. Com o tempo, poderá ficar mais atento e alinhar cada vez mais suas atitudes e ações com as afirmações.

Quando se repete um texto dessa natureza por escrito é interessante manter uma redação contínua, sem nenhum sinal de pontuação, usando apenas as maiúsculas do início das frases. Esse procedimento ajuda a experimentar a sensação de unidade.

## 5 - UMA VERSÃO DO PAI-NOSSO INSPIRADA EM CONTEÚDOS DO TOGOT

Percebemos, ao longo do processo de amadurecimento do TOGOT, que este continha elementos que correspondiam ao conteúdo do que deve ser a prece mais usada no mundo cristão, o Pai-Nosso. Propomos essa versão como um exercício de reflexão sobre conteúdos que muitas vezes repetimos por automatismo e com a consciência adormecida.

- Deus Mãe-Pai[80] que estais em todos, em tudo e em todo lugar,
- que Vosso nome nos proteja, nos inspire, nos alimente e nos oriente;
- restaure e mantenha a vibração harmoniosa de nossas células
- e a circulação equilibrada da energia vital através de todos os nossos corpos;
- que nossa consciência desperte e que,
- pela transformação de nosso ser,
- possamos abrir as portas de Vosso reino;
- que a vontade dos nossos pequenos *eus*
- colabore com a vontade de nosso Eu Superior, que é Vossa vontade,
- e que saibamos respeitar as Leis Universais, assim na Terra como no Céu.
- Dai-nos, hoje, os alimentos necessários à saúde dos nossos corpos
- e ao aprimoramento de nossa consciência e de nosso ser;
- ajudai-nos a perdoar a nós mesmos e aos outros, quantas vezes forem necessárias;
- ajudai-nos a nos desapegar das experiências destrutivas que já conhecemos;
- ajudai-nos a nos libertar de nossas prisões interiores,
- a amar a nós mesmos e aos outros incondicionalmente.
Amém.

---

[80]Por ser anterior a manifestação da polaridade, o Uno encontra-se acima das distinções entre o masculino e o feminino e, ao mesmo tempo, os contém. Mesmo que o surgimento da polaridade seja proveniente de um único movimento, ou seja, que as energias Yin e Yang tenham aparecido simultaneamente, a estrutura da linguagem pede que as ordenemos em seqüência. As duas ordens (Mãe-Pai e Pai-Mãe) se justificam a partir de pontos de vista diferentes porém igualmente válidos.

## 6 - PRECE NA FORMA DA TETRAKTYS PITAGÓRICA

Em certo momento de nossa prática, notamos que as duas primeiras frases da versão do Pai-Nosso que acabamos de mencionar contêm a estrutura da Tetraktys pitagórica[81]. Trata-se do triângulo, com lados formados por 4 elementos, que se expressa na fórmula numérica: 1 + 2 + 3 + 4 = 10 considerada sagrada por Pitágoras.

"**Deus**,
**Mãe-Pai**,
que estás em **todos**, em **tudo** e em **todo lugar**,
que Vosso nome nos **proteja**, nos **inspire**, nos **alimente** e nos **oriente**."

Ao recitar essa prece sugerimos que se vá acompanhando mentalmente a estrutura geométrica correspondente (Fig. 50):

Deus

Mãe      Pai

Todos   Tudo   Todo lugar

Proteja   Inspire   Alimente   Oriente

Fig. 50 - Estrutura da Tetraktys pitagórica.

## 7 - VISUALIZAÇÕES

A visualização aqui proposta atende ao princípio da integração (escuridão da noite/luz do dia, frio/calor, terra/água/fogo/ar). Nela, enxergamos nosso corpo em sua realidade atômica, o que nos permite

---

[81] GÉNON, René - *Os Símbolos da Ciência Sagrada*. Capítulo 14.

perceber que há mais "vazio" em nós do que energia concentrada, e que existe uma continuidade entre nosso corpo e o mundo "de fora", e não uma fronteira estanque. Vemos o nosso corpo feito de uma multidão de "bolinhas" vibrando, e entre elas o espaço "vazio". Percebemos que nossa pele é feita da mesma maneira, e também o ar que nos envolve, a diferença estando apenas na quantidade de "bolinhas" que ocupam cada porção do espaço. E por esse "vazio" contínuo, que ao mesmo tempo separa e une, pode circular a energia que quisermos (Fig. 51).

Figura 51

Vamos visualizar energias distintas circulando por nosso "vazio" interno, nos atravessando: a escuridão e a luz, o frio e o calor, os quatro elementos e a energia vital.

Para fazer esse exercício fique num lugar tranqüilo onde não será perturbado. Encontre uma posição confortável, de preferência com a coluna reta, sem encostar em nada, para sentir o espaço livre a sua volta. Feche os olhos, respire algumas vezes profundamente e vá aquietando sua mente. Comece então a ver com os olhos da mente seu corpo feito de muitas "bolinhas" vibrando e entre elas o "vazio". Perceba sua pele formada por "bolinhas" vibrando e espaços vazios que comunicam com o vazio do ar a sua volta. No ar também há "bolinhas" vibrando, porém muito menos do que em seu corpo. Fique por um tempo apreciando esse vazio que o percorre e o liga ao mundo a sua volta.

- Agora, a noite se faz à sua volta e você vê todo o espaço vazio em você sendo penetrado pela escuridão da noite. Aprecie essa sensação. Agora, o dia se faz à sua volta e você vê todo o espaço vazio em você sendo penetrado pela luz brilhante do dia. Aprecie essa sensação. Repita essa mudança passando por vários matizes indo da escuridão à luz e da luz à escuridão. Sinta essa continuidade, essa complementaridade, essa perfeição.

- Agora o frio se faz à sua volta e você vê todo o espaço vazio em você sendo penetrado por um frio refrescante. Aprecie essa sensação. Agora, o calor se faz à sua volta e você vê todo o espaço vazio em você sendo penetrado por um doce calor. Aprecie essa sensação. Repita essa mudança passando por vários matizes indo do frio ao calor e do calor ao frio. Sinta essa continuidade, essa complementaridade, essa perfeição.

- Agora, você percebe no "vazio" dentro de você deslizar o pesado perfume da terra. Sinta sua ligação com a terra e a terra purificando você. Aprecie essa sensação.
Agora, o perfume da terra é substituído pela chuva, e a água da chuva, suavemente, desliza pelo "vazio" dentro de você. Sinta sua ligação com a água e a água purificando você. Aprecie essa sensação.
Agora, a chuva para e um vento suave percorre o espaço "vazio" dentro de você. Sinta sua ligação com o ar e o ar purificando você. Aprecie essa sensação.
Agora, o calor do sol percorre o espaço "vazio" dentro de você. Sinta sua ligação com o fogo e o fogo purificando você. Aprecie essa sensação.
Agora, você percebe no espaço "vazio" dentro de você uma vibração sutil porém poderosa, a energia vital enchendo todo o espaço "vazio" dentro de você, e você se sente purificado, mais forte, literalmente "cheio" de vida.

# 8 · EXERCÍCIO DE RESPIRAÇÃO DA TRADIÇÃO BUDISTA TIBETANA

Esse exercício, mencionado por Pema Chödrön em seu livro *Quando tudo se desfaz - orientação para tempos difíceis*, se chama *tonglen*. Ele inverte o que costumamos fazer quando sentimos algum desconforto, como sentimentos de raiva, tristeza, desamor ou qualquer outro sentimento "destrutivo". Estamos acostumados a querer nos livrar do desconforto e, às vezes, fazemos exercícios de respiração nos quais inspiramos algo bom, como luz, amor etc., e expiramos nossa raiva, nossa tristeza, mandando-as por exemplo para a Terra e encarregando esta de transmutar essas impurezas em nosso lugar. Pois, a prática de tonglen nos propõe uma experiência diferente. Ela nos convida a inspirar nossos "venenos", nossa raiva, nosso ressentimento, nossa solidão – e não só o nosso sofrimento como também o sofrimento idêntico que outros estão experimentando no mesmo momento –, a integrá-los e transmutá-los em nós. "Em vez de afastar-se ou fugir da situação, nós a inspiramos e estabelecemos pleno contato com ela". Isso nos abre à compaixão. "Então expiramos, exalando uma sensação de espaço amplo, de ventilação, de frescor. Fazemos isso com o desejo de que todos possamos relaxar e experimentar a mais profunda essência da mente". Façamos isso mantendo-nos centrados, em segurança, em nosso coração.

# *Bibliografia*

### Astrologia

GREENE, Liz – *Os Astros e o Amor* – São Paulo – Cultrix.
HAMAKER-ZONDAG, Karen – *Astropsicologia* – Rio de Janeiro – Nova Fronteira.
MASCHEVILLE, Emma Costet de. – *Luz e Sombra* – Brasília – Teosófica.

### Astronomia

BOCZKO, R. – *Conceitos de Astronomia* – São Paulo – Edgard Blücher

### Ciência – Nova visão

Dr. CHOPRA, Deepak – *A Cura Quântica: O Poder da Mente e da Consciência na Busca da Saúde Integral* – São Paulo – Best Seller.
FRITJOF CAPRA – *O Tao da Física – Um paralelo entre a Física Moderna e o Misticismo Oriental* – São Paulo – Cultrix.
HAY, Louise L. – *Você Pode Curar Sua Vida* – São Paulo – Best Seller.
SCHÖNBERGER, Martin – *O I Ching e os Mistérios da Vida* – São Paulo - Pensamento, 1991.
SIEGEL, Bernie S. – *Paz, Amor e Cura: um estudo sobre a relação corpo-mente e a auto-cura* – São Paulo – Summus, 1996.
SIMONTON, O. Carl, MATTEWS-SIMONTON, Stephanie, CREIGHTON, James L. – *Com a Vida de Novo* – São Paulo – Summus, 1987.
SWIMME, Brian – *O Universo é um Dragão Verde* – São Paulo – Cultrix.
TOBEN, Bob e ALAN WOLF, Fred – *Espaço-Tempo e Além* – São Paulo – Cultrix, 1995.

**Diversos**

NOCERINO, F. R. "Nick", BOWEN, Sandra, SHAPIRO, Joshua – *Mistérios dos Crânios de Cristal Revelados* – São Paulo – Ground.

**Esoterismo, Tradições e Mitologia**

ARGÜELLES, José – *O Encantamento do Sonho.*
ARGÜELLES, José – *O Fator Maia* – São Paulo – São Paulo – Cultrix, 1991.
BÂ, Amadou-Hampâté – *Contes initiatiques peuls* – Njeddo Dewal – Kaïdara – Paris – STOCK, 1997.
―――――, – *L'éclat de la grande étoile* – *Contes initiatiques peuls* – Distribué par LES BELLES LETTRES – Paris, 1995.
BLOFELD, John – *Le Yoga de la Compassion* – *Le culte mystique de Kuan Yin* – Paris – Albin Michel, 1982.
CAMPBELL, Joseph – *O Poder do Mito* – São Paulo – Palas Athena.
CHÖGYAM, Trungpa – *Le Mythe de la Liberté et la Voie de la Méditation* – Paris – Seuil, 1979.
CLASTRES, Hélène – *Terra Sem Mal* – *O Profetismo Tupi-guarani* – São Paulo – Brasiliense.
ELIADE, Mircea – *Dictionnaire des Religions* – Paris – Plon, 1990.
―――――, – *O Mito do Eterno Retorno* – Lisboa – Edições 70 – Distribuidor no Brasil: Livraria Martins Fontes, 1984.
EVANS-WENTZ (org.) – *O Livro Tibetano dos Mortos* – São Paulo – Pensamento, 1998.
FORTUNE, Dion – *A Cabala Mística* – São Paulo – Pensamento, 1988.
FREEDOM, Max Long – *Milagres da Ciência Secreta* – *Desvendando a Tradição Huna dos Antigos Polinésios* – São Paulo – Schimidt.
GUÉNON, René – *A Grande Tríade* – São Paulo – Pensamento.
―――――, – *Aperçus sur l'Initiation* – Paris – Editions Traditionnelles – 1996.
―――――, – *Formes traditionnelles et cycles cosmiques* – Paris – Gallimard.
―――――, – *Initiation et Réalisation Spirituelle* – Paris – Editions Traditionnelles – 1998.

GUÉNON, René – *O Rei do Mundo* – Lisboa – Edições 70, 1958.
_____ , – *O Reino da Quantidade e os Sinais dos Tempos* – Lisboa – Publicações Dom Quixote.
_____ , – *Os Símbolos da Ciência Sagrada* – São Paulo – Pensamento, 1989.
HAPPÉ, Robert – *Consciência é a Resposta* – São Paulo – Talento, 1997.
HUNBATZ, Men – *Segredos da Religião – Ciência Maia* – São Paulo – Ground, 1986.
OUSPENSKY, P. D. – *Fragmento de um Ensinamento Desconhecido – Em busca do Milagroso* – São Paulo – Pensamento.
PEMA, Chödrön – *Quando tudo se desfaz - Orientações para tempos difíceis* – Rio de Janeiro – Gryphus, 1999.
QUESTIN, Marc – *La Connaissance Sacrée des Druides* – Paris – F. Sorlot F. Lanore, 1995.
Réunis par Pascal FAULIOT – *Les Contes des Arts Martiaux* – Paris – Albin Michel, 1988.
SHAH, Idries – *Contes Derviches* – Paris – Le Courrier du Livre, 1979.
SUN, Chia Ching & LUO, Si Wei – China – *Lendas e Mitos* – São Paulo – Roswitha Kempf.
WILHELM, Richard – *I Ching - O Livro das Mutações* – São Paulo – Pensamento, 1992.
WILLIAMS-HELLER, Ann – *Cabala* – São Paulo – Pensamento, 1992.

**Romances e Canalizações**

ANDREWS, V. Lynn – *Força Viva* – São Paulo – Best Seller, 1987.
CAREY, Ken – *O Retorno das Tribos-Pássaro* – São Paulo – Cultrix/Pensamento, 1989.
_____ , – *Transmissões da Estrela Semente* – São Paulo – Cultrix.
CASTAÑEDA, Carlos – *O Segundo Círculo de Poder* – São Paulo – Record Nova Era.
MARCINIAK, Barbara – *Os Mensageiros do Amanhecer - Ensinamentos das Plêiades* – São Paulo – Ground.
MIOWA, Yara – Kuarahycorá – *O Círculo do Sol* – São Paulo – Elevação, 1999.

REDFIELD, James – *A Profecia Celestina* – São Paulo – Objetiva.
WATSON, Lyall – *Onde Vivem as Lendas* – São Paulo – Difel, 1979.


**Símbolos e Jogos**

CHEVALIER, Jean – GHEERBRANT, Alain – *Dictionnaire des Symboles* – Paris – Robert Laffont/Júpiter, 1982.
PENNICK, Nigel – *Jogos dos Deuses – A Origem dos Jogos de Tabuleiro Segundo a Magia e a Arte Divinatória* – São Paulo – Mercuryo, 1992.

## Sobre a autora

Giliane Maria Joséphine Ingratta (sobrenome que ajuda a lembrar da sombra!) nasceu na França, em Paris, no ano de 1949. De sua mãe herdou raízes celtas, o gosto pela úmida e salgada Bretanha francesa e uma paixão pelo mito do Rei Arthur. De seu pai recebeu uma visão internacionalista aquecida pelo sol da Itália. No convívio regular com o campo desenvolveu a confiança nos processos da natureza e o interesse pela perenidade. Na escola, o estudo da História provocou-lhe espanto; não podia entender a repetição de tantas escolhas destrutivas. Dessas experiências foram brotando a certeza de um sentido profundo em tudo que existe e a necessidade, para aproximar-se desse sentido, de ultrapassar as fronteiras de todo tipo, criadas pelos seres humanos. Atendendo a uma premonição e a uma série de sincronicidades, a autora veio ao Brasil em 1973 onde vive desde então, por escolha. Buscadora, autodidata, é também ceramista e professora de francês. Percebeu em sua vida, bem como na pesquisa sobre símbolos que iniciou em 1985 a partir de uma mensagem psicografada, o desenrolar de um fio, feito de sincronicidades. É desse fio que o TOGOT foi tecido.

# LEIA TAMBÉM DA EDITORA GROUND

## O Poder do Sono
*James B. Maas*

Apesar da noção popular, o sono não é um luxo – é uma necessidade. Centenas de milhões de pessoas no mundo todo sofrem de privação do sono, fazem transações comerciais cruciais e tomam decisões pessoais em um estado debilitado. Em O Poder do Sono, o Dr. James B. Maas, pioneiro da pesquisa do sono da Universidade de Cornell, oferece uma maneira fácil e sem drogas para você melhorar o corpo e a mente, visando um amanhã alerta e produtivo. Com o sono adequado, seu potencial se renovará todas as manhãs.

## Ayurveda
## (A Ciência da Autocura)
*Dr. Vasant Lad*

Este livro explica claramente os princípios e aplicações práticas da Ayurveda, o mais antigo sistema de cura do mundo. Nele são abordados minuciosamente a história e a filosofia da Ayurveda, seus princípios básicos, técnicas de diagnóstico, primeiros socorros, tratamento e dieta e o uso medicinal das ervas e temperos da culinária.
Gráficos concisos, diagramas, tabelas, glossário e índice acompanham todo o texto esclarecendo-o e tornando-o particularmente prático.

## Os Astros e sua Personalidade
### *Maria Eugênia de Castro*

Este livro responde, rápida e objetivamente, às perguntas mais freqüentes sobre o mapa natal.
Os cinco planetas nas Doze Casas fornecem uma interpretação inequívoca e direcionada a cada um, por isso, é uma eterna fonte de consultas para o autoconhecimento e para entender melhor aqueles que fazem parte de sua vida.
O grande conjunto de "dicas" contidas neste livro conduz a uma atualíssima apreciação sobre si próprio e pode iluminar aquele talento escondido.

## A Família, ame-a e deixe-a
## (Um guia para famílias felizes)
### *Tony Humphreys*

Este livro foi desenvolvido a partir da experiência profissional do autor com famílias, casais, adultos, crianças e adolescentes angustiados.
Fornece valiosos insights e orientações práticas que permitem às pessoas conseguir o máximo nas relações familiares, superando os bloqueios à harmonia familiar, e ao mesmo tempo encontrando a sua individualidade e independência.
O objetivo do autor, psicólogo clínico, conferencista e professor, é que este livro forneça orientações claras para a criação de famílias felizes.

---

**EDITORA GROUND**
Rua Lacedemônia, 68 - Cep. 04634-020 - São Paulo - SP
Tel.:(0xx11) 5031-1500 / Fax: 5031-3462
e-mail: editora@ground.com.br - site: http://www.ground.com.br

Impressão e acabamento
**Cromosete**
GRÁFICA E EDITORA LTDA.
Rua Uhland, 307 - Vila Ema
Cep: 03283-000 - São Paulo - SP
Tel/Fax: 011 6104-1176